novum pro

AF063212

NAGY DÓRA

Egy látó élete
és megtapasztalásai

novum pro

www.novumpublishing.hu

Minden jog fenntartva, beleértve a mű film, rádió és televízió, fotómechanikai kiadását, hanghordozón és elektronikus adathordozón való forgalmazását, valamint kivonat megjelentetését, illetve az utánnyomását is.

Nyomtatva az Európai Unióban környezetbarát, klór- és savmentes, fehérített papírra.

© 2015 novum publishing gmbh

ISBN 978-3-99048-273-5
Lektor: Tömösvári Emese
Borítókép: Kürtösi Adrienn
Borító, tördelés & nyomda:
novum publishing gmbh
Illusztráció: Kürtösi Adrienn (3)
Szerzői fotó: Nagy Dóra

A szerző által a kiadó rendelkezésére bocsátott képek a legjobb minőségben kerültek nyomtatásra

www.novumpublishing.hu

Tartalomjegyzék

Könyvajánló 7
1. Önismeret, érzékelés és a közeg, amelyben élsz 9
2. Kedves Olvasó! 16
3. Légző gyakorlat megnyugváshoz 30
4. Az érzékelés folyamata 39
5. Tudatos teremtés a gondolataid által 41
6. Az életút megtervezésének csapdái 44
7. Naponta végzendő gyakorlatok 49
8. Becsüld és szeresd önmagadat 53
9. Az egység törvénye 60
10. Beavatás az Univerzum energiájának felvételébe 62
11. Egy kis számmisztika 65
12. Példabeszéd 68
13. Az emberi lény csodálatos 69
14. Az ember és a tápláléka 77
15. A gyermekek szeretettel való megtisztítása 81
16. Az Univerzum törvényei 83
17. Látogatás az „ébredők" között 87
18. Segítő levelezésemből egy pár,
    ami másoknak is segíthet 89
19. Még egy fontos dolog 92
20. Összefoglalás 93
21. Útravaló 95

Könyvajánló

Amikor néhány évvel ezelőtt megismertem Dórit, a könyv íróját, már akkor is éreztem benne az Erőt. Azt, amit nem lehet figyelmen kívül hagyni. Lehet előle kitérni, nem tudomást venni róla. De nem lehet közömbösnek maradni. És nem is érdemes. Hiszem, lehet együtt menni és akár szárnyalni is vele. Ez az Erő ott van a mondatokban, a sorok között. A könyv olvasása közben éreztem, megtapasztaltam jómagam is. Vitt magával a lendülete és a saját kíváncsiságom, hogy minél jobban megismerjem a nézőpontján, tisztán látásán keresztül a könyv tartalmát.

Köszönöm, hogy az első olvasója lehettem, és a személyes beszélgetések mellett ebben a formában is „hallhatom" a hangját, hiszen olvasás közben gyakran volt az az érzésem, hogy velem van a szobában. Éreztem a szándékát, hogy minél érthetőbben, gyakorlatiasabban adja át nekünk az Erőt, ossza meg velünk a Tudást, ami mindannyiunknak csak a javára válhat.

2015. március 12.

Baranyi Judit

1. Önismeret, érzékelés és a közeg, amelyben élsz

Kedves Olvasó! Engedd meg, hogy bemutatkozzam, és saját megtapasztalásaimat elmondva megmutassam, hogy segíthetsz önmagadon és másokon, ha ezt a könyvet elolvasod. Te tiszta, segítő lélek vagy, és van egy utad, amin most indulsz el, vagy már elindultál, de valamiért megakadtál. Neked írom, hogy elindulj vagy haladj tovább a saját utadon.

Dóri vagyok. A saját életemből vett példákat és érzékelésem által megtapasztalt dolgokat írok le, hogy ha van kedved, felhasználd belőlük, ami segít önmagad megismerésében és az utadon előrehaladni. Az út a Tiéd! Az első és legfontosabb, hogy nincs két egyforma út és két egyforma ember: mindenki egyedi és különleges, mindenki máshogy érzékel, máshogy reagál dolgokra, így saját magának kell a saját útján végigmenni. Lehet kérni segítséget, de az út az övé, és a döntés is az övé, milyen utat választ, és hogy halad rajta, milyen tempóban, és kér-e segítséget, vagy egyedül találja meg az útját.

Pár dolgot az elején tisztáznunk kell. Az ember: test, lélek, tudat hármasának az egysége, ami mindennel és mindenkivel kapcsolatban van, mivel minden és mindenki rezgésekből áll és rezgéseket közvetít, tudtán kívül is. Az ember és a környezet is rezgésekből áll, ebből minden ember máshogy és mást érzékel. Egy nagy egész része az egész, amit ismersz, amiről tudsz, és kölcsönhatásban van minden mindennel, Mindenki mindenkivel. ez fontos ahhoz, hogy megértsd: minden emberi tett, gondolat és szándék, érzelem stb. mindennel és mindenkivel kölcsönhatásban létezik.

Az emberi gondolat teremtő erő és tény, ha elhiszed, ha nem: Te is teremtesz folyamatosan bár lehet, hogy nem tudsz róla. Nagyon fontos, hogy tudatosítsd magadban: a gondolkodásodat tartsd kontroll alatt.

Csak segíts másoknak, és a szeretet vezessen az utadon, tanuld meg a negatív gondolatokat törölni, és másokra negatív hatású cselekedeteket megszüntetni az életed útján.

Mert boldog nem attól leszel, hogy mindened megvan és eltiporsz másokat, csak attól lehetsz nyugodt, kiegyensúlyozott és boldog, ha segítesz másoknak a boldogulásban! Ez visszahat rád, és így lesz meg mindened, amire szükséged van. ez a szó a legfontosabb:
SZÜKSÉGED VAN.

Tedd fel magadnak a kérdést, kérlek, kell annyi elektromos kütyü, ruha, bútor, sorolhatnám, ami körülvesz Téged? Valóban? Boldog vagy tőlük, vagy csak azért veszed meg, mert másoknak is van?

Mennyi időt áldozol a lelkedre, magadra és mennyit a fizikai testedre, ami múlékony? A lelked minden leszületés tudását hordozza. Ismerd meg, szánj rá időt, nem kell fizetni, elmenni sehová, csak időt adj neki, a belső teljes nyugalom állapotát!

Akkor, ha rendszeresen lenyugszol, meditálsz vagy légző gyakorlatokat végzel, hagyod, hogy rendezze a benned lévő kétségeket, gondokat, majd egészséghez, boldogsághoz vezet, amit sugárzol magad köré a rezgéseid által. Így szeretteid, munkatársaid, családod is békésebb, nyugodtabb lesz, és ez téged is új erővel tölt fel. Sok minden nem tetszik neked a világban történő dolgokból, de tudd, hogy a mostani eseményeket a mai emberek gondolatainak összessége teremti folyamatosan, és ha ez nem jó, változtass!

Kezdd magadon a változást, aztán segítsd a környezetedben élőket és így tovább. Ez egyszerre nem fog mindent jóvá tenni, csak ha a többség gondolata megváltozik a mindenség = az egyének összességével kapcsolatban.

AZ UNIVERZUM ENERGIÁJA

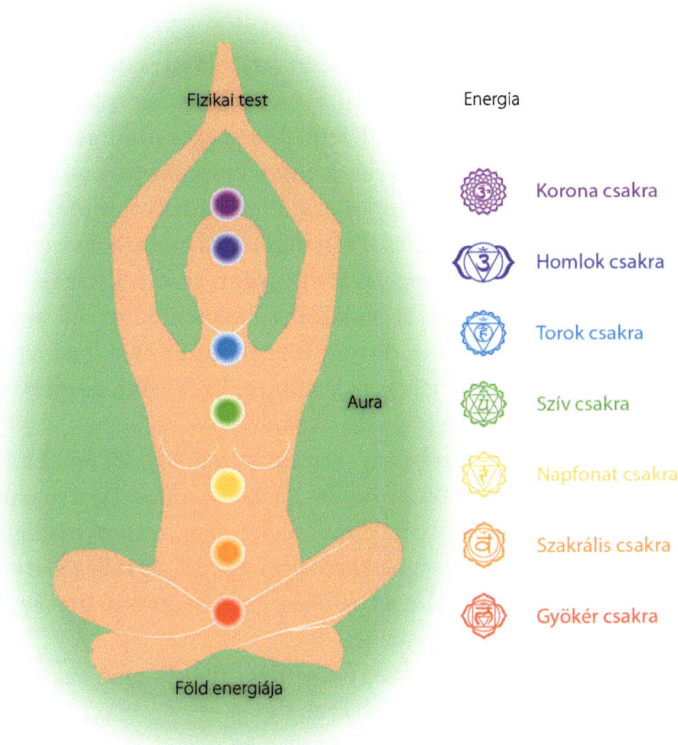

Az emberekben egyesül életerő energiává

Az ember energetikai rendszerében több mint 86000 csakra van, de ez a 7 fő csakra a testen, ami továbbítja az energiát, rezgéseket a többi kisebb csakra felé.

Az energia rezgések állandóan körülvesznek mindenkit, hol hullámként, hol fényként, színként terjednek: így érzékelhetők.

Vannak érzékszervek, amelyeknek használatára nem tanít a mai oktatási rendszer, de mindenkiben ott van a lehetőség a használatukra: a harmadik szem, mely belső vagy külső látásra használható. ha a két szemünket lecsukjuk, azzal látunk, vagy belső képernyőn, mintha filmet néznél, vagy álló képet.

Nyitott szemmel az aura energiaáramlását, színeit, rezgések hullámzását figyelhetjük meg. Ha a rezgésekben szabálytalanságok vannak, azok testi, ill. lelki betegségre utalnak.

A kézzel történő érzékelés szintén energiák formáit, fajtáit, melegséget, hidegségét, torlódását illetve hiányát mutatja meg.

Azután a tiszta hallással ráhangolódva érezzük mások gondolatait, pozitívot és negatívat egyaránt, amelyek bántják test és lélek szinten az illetőt, valamint azokat a dolgokat, amiket már el kellene engednie, de még foggal- körömmel ragaszkodik hozzájuk, pedig már károsak számára. Ezek lelki, később testi tüneteket, majd betegségeket okoznak.

A hallás szintén teljesen természetes dolog. Itt lehet hallani, mit szeretne, mi tenné boldoggá, mi nyomasztja a másikat. Akkor tudunk segíteni, ha elmondjuk, mi az, amitől boldogabb lesz, egységbe, egészségbe kerül önmagával, és teljes életet élhet, de a döntés mindig az egyéné, és a cselekvés, illetve a figyelmen kívül hagyás joga is!

Mások életébe kérés vagy engedély nélkül nem szabad beavatkozni, ez a legfontosabb szabály!

Megtapasztalási gyakorlat: auralátás. Szemben állsz a fürdőszoba tükörrel, és egy pontra nézel magad fölött sokáig, aztán megjelenik rajtad körben egy fehér fény, ami egyre nő, majd színesedik, és látod az aurádat.

Honnan tudod? „Röntgen" szemed van, mert mindenki átlát a kézfején. Ha maga elé tartja és mögé néz egy pontra, akkor fokozatosan átlát az ujjain. Ha TV előtt csinálod, a képújság szövegét ki tudod olvasni a kézfejed, ujjaid mögött, és látod a képet is egészben: az ujjaid eltűnnek, vagyis átlátsz a rezgéseken.

Az embereket körülvevő aura rezgései is egyediek, nincs két egyforma aura, úgy, mint ujjlenyomat és a szem szivárvány hártyája is egyedi.

A nyugati orvoslás nagy tévedése: az átlagember súlyát veszik alapul, holott pl. gyógyszerelésnél ugyanaz a hatóanyag mindenkiben máshogy hat. Más adag és időpont kellene a gyógyszerelésben, mert egyének összessége az egész, amivel mind kapcsolódunk egymáshoz és a külvilághoz. Ugyanez igaz a gyógynövényes kezeléseknél is. Nincs előre meghatározható dózis, amíg az embert magát nem láttad. Mindenkinek más dózisra van szüksége. Igaz ez a légző, torna stb gyakorlatokra légző, torna stb. Minden ember saját magán tudja kikísérletezni, neki hány gyakorlatra, ismétlésre van szüksége a megnyugváshoz és gyógyuláshoz. Ezért a legfontosabb dolog, hogy önmagad megismerd!

Sokan mondják: nincs rá időm! Ilyenkor én azt szoktam mondani: fodrászra, műkörmösre, kozmetikusra és még sok-sok dologra van idő és pénz is, magad megismerésére meg idő sincs? Ha már tisztában van az illető azzal, hogy nemcsak testből és agyból áll, hanem lelke is van és aurája, amit a látók elől a ruha nem rejt el, és a kiterjedése nem a bőrénél végződik, hanem egy méternél tovább tart, és a rezgéseire szép ruhát nem tud ráhúzni.

Az emberben és környezetében minden megvan, amire szüksége van.

Ezt hallom gyakran belső hallásommal, csak ma értettem meg, hogy az egészséges élethez minden lehetőség adott az ember számára, csak fel kell ismerni, mire van szüksége, és használni a lehetőségeit. Van, ugye, az univerzális energia, melyhez minden ember tudatosan kapcsolódhat, és a környezetében, élőhelye környékén minden gyógynövény megterem, amire szüksége van. Ez csodálatos dolog, csak tanulni kell, és használni a tudást, ennyire egyszerű. Tudom, azt gondolod, hogy idő kell a megismeréséhez, az meg nincs.

Kérlek, készíts egy listát, mire van időd és mire nincs! Töprengj el fölötte! Valóban nincs időd magadra és arra, hogy jól érezd magad testileg és lelkileg egyaránt? Fontosabb hajtani, dolgozni új ruháért, bútorért, legújabb elektromos kütyüért, mint a saját magad nyugalma, békéje? Nem hiszem.

Ezt a könyvet akkor nem olvasnád, ha nem lenne meg az igény benned a változtatásra, és a béke, szeretet, nyugalom, egészség állapotában tartózkodásra. Ha elindul benned a változás, mivel rezgéseiddel folyamatosan kapcsolódsz másokhoz, így tudtodon kívül segíted a családodat, szeretteidet, munkatársaidat és mindenkit, akinek béke, szeretet, nyugalomrezgéseket sugárzol az aurájába. Ezzel segíted őket, hogy ők is nyugodtabbak, segítőkészebbek, egészségesebbek legyenek.

A „szeretet" a leghatalmasabb erő a világon, és ha megtapasztalod, hogy számodra milyen kellemes érzés másoknak is segíteni, akkor már nem térsz vissza a régi önmagadhoz és olyan vágyakhoz, amik nem tesznek boldoggá, hanem csak hajtasz, hogy legyen még egy valamid, mert a szomszédnak is van.

Átértékeled az egész életed, ahogy eddig gondolkodtál, és főképp a dolgokhoz való viszonyodat. Most az jön, hogy nincs pénzed, na, ha ezen aggódsz, akkor nem is lesz. A pénzhez való viszony megváltoztatásával érhető el az, hogy mindig minden a valódi szükségleteid szerint legyen, amikor kell. Fizetéskor fogod, leteszel 5–10 ezer forintot a zsebedbe és egész hónapban magadnál hordod.

Ha elmész, megnézel dolgokat, nem sopánkodsz, hogy nincs rá pénzem, hanem a gondolattal teremtesz, tehát: van rá pénzem, de nem veszem meg, mert igazán nincs rá szükségem. Amire szükségem van, arra van pénzem.

Ha csinálod pár hétig, meglátod, megvehetsz mindent, amire szükséged van, de nem veszel olyan dolgokat, amiket azelőtt megvettél: 10. sál, 8. cipő, táska, olyan élelmiszer, amit aztán kidobsz stb.

Van pénzem, meg tudom venni, de van belőle 5–10 otthon, nem veszem meg a 611et, mert nincs szükségem rá igazán.

Kívánom, hogy legyél tudatos teremtő! Ne akarj mindjárt lottó 5öst, csak olyat, amit valóban szükségesnek tartasz – az irreális vágyak ugyanis nem nagyon teljesülnek. Viszont, ha reális dolgokat teremtesz, akkor bejön az életedbe olyan lehetőség, munka, emberek, ismeretségek, amivel eléred a reális célod, ha kitartó teremtő leszel, és nem panaszkodsz, aggódsz állandóan. Mert azt tudnod kell: hiába teremtesz egyfelől, ha másfelől panaszkodsz: ez sincs, az sincs másoknak vagy önmagadnak, ez a két dolog ugyanis ügyesen 0ra kioltja egymást. Itt sem árt előtte egy lista készítése, mi az, ami elég számodra és elfogadható a mostani helyzetedben, az „itt és most"-ban amitől már biztonságban érzed magadat. Ne légy nagyravágyó!

2. Kedves Olvasó!

Ne haragudj, hogy ide oda csapongok az írásnál, ami jön, azt írom, és próbálok leegyszerűsítve, minden ember számára érthetően írni – Nem tudományos kutatások eredményeit írom, mert abból az átlagember szinte sajnos magát a lényeget nem fogja fel, érti meg, mert az agyunk így működik. Ez a könyv az ébredés útján elindulóknak készül és azoknak, akik már elindultak az útjukon, de valami miatt elakadtak, és a továbblépéshez a saját útjukon segítségre, megerősítésre, támogatásra, biztosításra van szükségük. Ez a könyv nem az utat írja le, hanem egyszerűen a gondolatok saját fejlődése útján tapasztalható megerősítéseket tartalmaz. Érdekes lesz, azt mondják, minden ember mást és máshogy fog érteni belőle, éppen azt és éppen akkor, amikor és amire szüksége van. Tények. Ha már olvasod, akkor azzal tisztában vagy. Vagy legalább is gondolsz rá, hogy nem ez a fizikai világ létezik csak, amiben élsz, és amit tapasztalsz magad körül – ez az első lépcsőfok az ébredésben.

Na, akkor írom, amit diktálnak a fény, szeretet „angyalai".

A föld egy csodálatos bolygó, és az információkat már több mint 50000 éve kapják a nyitott földiek. A tudást őrizték, továbbadták – akkor még sámánok, gyógyítók voltak –, és szájról szájra örökítették át, így segítve az emberiséget. Azután lettek az első írások, amelyekben már rögzített formában is meghagyták az utókornak mindezt, csak kevesen jutottak hozzá, mert az emberi ego és kapzsiság visszatartotta. A tudás hatalom, és ezt évezredeken át kis is használták a tudás őrzői és azok, akik megkapták.

Véletlenül sem mondták azt az embereknek, hogy mindenki számára lehetőség a tudás elsajátítása és használata, önmaga és a környezete számára.

Ma már megérett a világunk arra, hogy mindenki, aki szeretné, INGYEN hozzájut minden tudáshoz, amire szüksége van, de kell érte tenni. Végig kell haladni a saját ébredése útján, és sok időt kell szánni a dolgok megértésére, megtapasztalására és megtanítására, sajnos csettintésre nem megy. Aki vállalja az utat, a megismerés útját, az boldogan élhet, elégedetten és tiszta szívvel. Mindenki a saját tempójának megfelelően jut előre, az egész tudás egyszerre nem zúdul rá. Lépésről lépésre halad, és mindig azt kapja meg, aminek elfogadására és használatára már felkészült. A maga és mások segítségére kapja, nem árucikk! Az Univerzum szövetének leghatalmasabb ereje a szeretet: önzetlen, és ingyen van!

Aki előre szeretne haladni az útján, ezt jól az agyába kell vésnie. Ne azért tanulj, hogy pénzt kapj érte, az önzetlen szeretet és segíteni akarás vezessen az utadon!

Azért nem mindenki ugyanúgy értelmezi és érzékeli az itt leírtakat, mert különbözőek vagyunk. Mivel lelkünk születések során van túl, számtalan életben gyűjtött már tapasztalatot. A tudás nagyon különböző. Első körben mindenki a lelkének leszületései alatt gyűjtött tudáshoz fog hozzáférni, és ha azt egója lecsökkentésével mások javára önzetlenül lesz képes használni, akkor férhet hozzá a magasabb tudáshoz. Ez fejlődési lépcsőkön keresztül valósul meg. Minden egyes lélek más-más tudással és tapasztalattal rendelkezik, ezért nem lesz két egyforma út sem.

Ne akarj egyszerre mindent tudni, mert az veszélyes lehet számodra! Vannak olyan erők is, amelyek nem a fény és szeretet küldötteinek energiái: sok tudást kínálnak fel, de cserébe átveszik a lelked irányítását, és téged bezárnak, nem engednek működni. Több ilyen emberrel találkoztam már. Nem is tudnak róla, hogy csapdában vannak. Van, aki hajlandó lemondani a tudásról, és onnantól tudás nélkül, felszabadultan élni; van, aki nem. az Ő lelke más lélek irányítása alatt marad, sajnos sok ilyen lélek sétálgat az „itt és most"ban közöttünk. A legszörnyűbb, hogy azt sem tudják, hogy nem ők irányítják az életüket. Eljutottunk egy újabb lépcsőhöz.

Halál: a testből kiszálló lélek fény testben itt marad. Az időtartam mindenkinél attól függ, mennyire intézte el itt a dolgait, a szeretet kötés milyen erős a család stb. részéről. A legtöbb lélek 1–2 hétig marad. Max. 42 nap az itt tartózkodás lehetősége, ezalatt elbúcsúzhat az ebben a földi életben létrejött kapcsolataitól, szeretteitől, és elindul a megtisztulás, összegzés rögös útján újbóli leszületése megtervezése felé.

Van rossz hírem is azoknak, akik az emberi erkölcsi normákat nemigen tartották be ebben a földi életükben...

Halál után – hiába volt vallásos valaki, és gyónta bűneit folyamatosan – sajnos a földi élete minden cselekedetével, gondolatával, tettével – jóval és rosszal egyaránt – el kell számolnia a továbbhaladás előtt.

Nem részletezem, hogy aki jót cselekszik élete során, úgy él és gondolkodik, hogy „nekem is jó legyen, de másnak se okozzanak kárt a cselekedeteim, gondolataim", annak nincs mitől félni, megy a fénybe, és egyesül az égi felsőbb énjével, és tisztán, az új életében új tudás, tapasztalat megszerzésére újra megszületik.

Még egy fontos dolog ezzel kapcsolatban: a lelkek igen gyakran részt vesznek a saját testük temetésén, tehát ugyanúgy érzékelnek, látnak, hallanak, sőt, még a gondolatokat is érzékelik. Amit ősidőktől mondanak: halottról vagy jót, vagy semmit ne beszélj, gondolj, mert ha rosszat gondolsz, beszélsz, nem hagyod, hogy induljon a fény felé a saját útján a megtisztulásba.

Még egy fontos dolog! Jól át kell gondolni minden tiszta szívű léleknek, hogy vannak, akik itt ragadnak, és később csak segítséggel tudnak már elmenni. Tehát ha családtag vagy barát stb. közelálló meghal, ne kösd ide magadhoz, mert ha benne is olyan a szeretet irántad, itt ragad, és később már nem tud elmenni a tisztulás és újra megszületés útjára.

Ha valóban szeretsz valakit, őszintén, tiszta szívvel engedd el, majd egy másik életben találkoztok újra. Sok lélek folyamatosan a saját családjába születik le újra dédi, ükunoka, unoka stb. Ne vedd el a lélektől az útját! Ha valóban szereted, elengeded, és gondolsz rá, átérzed a régi, boldog emlékeket stb. Nagyon nehéz, de meg kell tenned érte és önmagadért.

A lelkek pont olyan gondolati energia hullámokat bocsátanak ki, mint ahogy te mikor gondolkodsz. A gondolati mező a fénytestben is megvan, Aki valamit rosszul csinált és javítani szeretné, az még fel szokta keresni azokat, akiktől bocsánatot kér közvetítő látó által, hogy megnyugodva haladhasson tovább. Ezt nem könyvekből olvasom, mint írtam, nem író vagyok, csak ember olyan, mint te, csak sok leszületéssel, tapasztalattal és sok idővel, amit magamra fordítottam. Ahhoz, hogy a régi tudások szépen sorban visszajöjjenek, látok, hallok és tisztán érzékelek. Ha szükséges, segítek mindenkinek, aki hozzám fordul, és hallom a lelkének belső szándékát is a maga vagy mások segítésére, hibáinak, betegségének, gondolkodásának változtatására.

Tapasztalások útján haladva szereztem minden tudást, nem mások tapasztalatait tanulva, mert minden ember más egyéniség és egy csoda. Ha megismeri önmagát, képes a boldogság magas szintjét megtapasztalni.

Van még egy dolog... Azt tapasztalom, hogy kevesen alszanak eleget. Pedig fontos a pihentető, nyugodt alvás. Ennek érdekében lefekvés előtt szánj időt a megnyugvásra, a megbocsátás gyakorlatára és feltöltődésre, a végén pedig olyan képeket eleveníts fel az életedből, amikor valóban felszabadult, boldog és elégedett voltál: erre aludj el!

Sajnos az emberek nagy része a gondokon, bajokon, rossz történéseken rágódik, ezért alszik el gyűrötten. Azután fáradtan ébred, mert egész éjjel tudtán kívül negatív dolgokkal kódolta magát. Te légy tudatos teremtő: halk, kellemes érzések átélésével alszol el, reggel kipihent, energikus leszel, és csodásan érzed magadat.

A könyv olvasása közben – előre látom – kétségek fogalmazódnak meg benned: „Nincs időm, nincs pénzem!"

Fogj, kérlek, egy lapot, és írd le részletesen egy hetedet! Ne hagyj ki semmit, amit csinálsz, teszel, veszel, dolgozol! Magadra mire mennyi időt fordítasz?

Ha kész a szép hosszú lista, akkor húzz egy vonalat középen, és egyik oldalra azt írd, ami igazán fontos számodra, de előtte többször olvasd el a listát, csak azután, minden egyes dolgot megkérdezve magadtól, írd le: fontos, nem olyan fontos. Ezt mindennel így csináld: étkezés, munka stb., ami még van az életedben. Írd mellé, ez időben és pénzben mit jelent, aztán nézd végig az új listát. Ha úgy érzed, kell változtatni, változtass. Legyél tisztában azzal, mi valóban szükséges és mi nem annyira, hol mi helyett lehetne több időd és pénzed önmagadra. Amíg önmagadat nem szereted, másokat sem leszel képes önzetlenül, tiszta szívvel szeretni. A szeretet nem szó, nem kép, egy „érzés": gondolj rá. Megvan, és Te vagy a tárgya, érzed, akkor haladhatsz tovább az utadon. E nélkül nem fog menni: minden egymásra épül. Ha ezt a listázást mindennel kapcsolatban megcsinálod, és szembesülsz önmagaddal, akkor rájössz, hogy: „Mindenre van időm, amire akarok, és mindenre van pénzem, amire szükségem van."

Ez a gondolat vezessen a mindennapokban mindig, ha csak úgy gondolsz rá, így is történik. Ha kell, mondd ki gyakran hangosan!

Az önismeret egyik útja a reiki. Sok út van, te döntesz, ez a szelíd univerzális energia felvételére és használatára tanít.

Írok pár dolgot róla, mivel tanítom a Mayanova Reiki Szervezetnél. Én ezt az utat járom. Ártani nem árt az információ neked sem. Ha kiolvastad ezt a könyvet, próbáltál egy pár gyakorlatot, amit leírtam, és úgy érzed, szeretnéd ezt az utat járni, szívesen segítelek, de ha azt érzed, más az utad, bátran keress tovább az alternatív gyógymódok között, és ha a szíved azt súgja: az kell, azt kezdd el megtanulni elsajátítani, használni.

Reiki = egyetemes életerő energia

Rei: univerzális, isteni, egyetemes ki: életerő energia, ami a Kínában használt chivel megegyező.

Egy energetikai módszer, mely minden ember számára hozzáférhető, ingyenes és örök szeretetenergia. A reiki energia mindenben és mindenen keresztül megnyilvánul, ami él. A reiki helyreállítja a szellem és a test harmóniáját, egészségét, és egyben segíti a spirituális fejlődés kibontakozását. Erősíti az intuíciót is.

Mindenki rendelkezik a reiki energia befogadásának lehetőségével, de mai életünk civilizációs „mérgezéseinek" köszönhetően ennek szabad felvétele és áramlása akadályokba ütközik, ezért van szükség a behangolásra, ami a „mérgezések", szennyeződések feloldásában segít.
A reiki 5 alapelve részletes jelentésével kiegészítve:

1. Ma és most nem táplálok haragot.

Én ma és most, tehát a jelenben élek, nem múltban, nem jövőben. Nem táplálok haragot senki iránt, csak szeretetet.

2. Ma és most nem aggódom.
3. Én ma és most a jelenben tartózkodom, nem aggódom semmi miatt, mert hiszem, tudom, számomra kedvezően alakul most az életemben minden körülöttem és bennem.
4. Ma és most minden lény felé tisztelettel és szeretettel fordulok.

Én a jelenben minden lény, élőlény (ember, állat, növény stb.) felé megadom a tiszteletet, és szeretettel fordulok hozzá, mert tudom, akkor én is szeretetet kapok vissza.

5. Ma és most keményen dolgozom önmagamon.

Én a jelenben dolgozom önmagam megismerésén, hibáim javításán, tudásom gyarapításán, hogy jobb emberré váljak, magam és mások számára egyaránt.

6. Ma és most hálás vagyok minden áldásért.

Én a jelenben megköszönök mindenkinek mindent, minden áldást és segítséget, és hálás vagyok az életemért és azért, amim van.

Csakra = energiakerék

HÉT FŐ CSAKRA

1. Gyökércsakra (Muladhara)
A gerincoszlop alján, a végbélnyílás és a nemi szervek között található a gát vonalában. Tölcsére a föld felé néz. Fizikai szerepe a test vázrendszerének, illetve a szem szaruhártyájának energiaellátása.
Színe: vörös
Eleme a föld
Spirituális szerepe: az anyagi, fizikai világgal való kapcsolat biztosítása.

2. Nemi, szakrális (Svadisthara)
A köldök alatt kb. 2-3 ujjnyira helyezkedik el. Tölcsérei előre és hátrafelé néznek.
Fizikai szerepe: a nemi szerveket látja el energiával.
Spirituális szerepe: szexuális életünkért, vágyainkért, birtokló szeretetünkkel kapcsolatos érzéseinkért felelős.
Színe: narancssárga
Eleme: a víz

3. Köldök, napfonat (solar plexus) elosztócsakra (Manipura)
A köldök fölött kb. 2-3 ujjnyira helyezkedik el.
Tölcsérei előre és hátra néznek.
Fizikai szerepe: az emésztőrendszert látja el energiával, és ez a csakra osztja el az energiát a többi csakra felé.
Spirituális szerepe: akaraterőnket közvetíti mások felé, vagy mások akaratát veszi föl. Színe: sárga
Eleme: a tűz

4. Szívcsakra (Anahata)

A mellkas közepén, a szívgödörben helyezkedik el. Tölcsérei előre és hátrafelé néznek.
Fizikai szerepe: szívünket és érrendszerünket látja el energiával.
Spirituális szerepe: az önzetlen és tiszta spirituális szeretetért felelős, mely képes megbocsátani, elfogadni és elengedni is!
Színe: zöld
Eleme: víz

5. Torokcsakra (Visuddha)

Elhelyezkedése: abban a kis mélyedésben, ahol a nyak a törzsszel találkozik.
Tölcsérei előre és hátrafelé néznek.
Fizikai szerepe: a hangszálakat, a nyelőcsövet látja el energiával.
Spirituális szerepe: segít az önkifejezésben
Színe: kék
Eleme: levegő

6. Homlokcsakra (Ajna)

A homlok közepén helyezkedik el.
Fizikai szerepe: az agyat látja el energiával.
Spirituális szerepe: segíti a megérzéseket, intuíciót.
Színe: lila

7. Koronacsakra (Sahashrara)

A fej legtetején helyezkedik el, a fül és az orr meghosszabbításánál.
Spirituális szerepe: az Univerzummal való kapcsolatunk biztosítása (kezelés, gyógyulás során).
Színe: a fehér és a szivárvány összes színe.

Az aura, amit nem tudsz elrejteni a tisztán látók elől.

Fontos dolog, mert te is tapasztalod mások rezgéseit, csak lehet, hogy eddig nem tudatosan tapasztaltad meg. Mostantól figyelj, kérlek! Ha sorban állsz, utazol, azokkal, akik 1 méteren belül állnak, az aurátok összeér, a rezgések tőled feléjük, tőlük feléd áramlanak. Bizony, ha nem tudatosan teszed, befolyásolod a közvetlenül melletted állókat, ahogyan ők is Téged.

Ha jószívű, vidám rezgéseket kapsz tőlük, neked is jobb kedved lesz egy idő után, de ha szomorú vagy kiabálós emberek vesznek körül, akkor azt veszed át rezgés szinten, és ha nem tisztítod magad energetikailag, akkor beléd is beforog az tőlük átvett alacsony rezgés, ami téged is az ő képükre formál, ha sokat tartózkodsz hozzájuk közel.

Ugyanígy te is átadsz tehát. Ha úgy döntesz, magasabb rezgésszinten élsz és teszel is érte, akkor a te közeledben élők, az aurádban lévők a te magasabb rezgésedet veszik át, és jobban lesznek, nyugodtabbak lesznek. Ez a legegyszerűbb megtapasztalási formája az energiameződ működésének.

Csak figyelned kell, és érezni fogod a változást, ha számodra jó vagy rossz rezgésű emberek közelében tartózkodsz.

A REIKI ENERGIA MELLÉKHATÁSAI

Minél magasabb szinten és minél gyorsabb áramoltatod át magadon a reiki energiát segítő szándékkal, testileg annál jobban megfiatalodsz. Ez mellékhatás annál, aki az alapelveket betartva éli az univerzális energia átadását. Rendszeres, általános mellékhatása, hogy 10 évvel fiatalabbnak néz ki testileg, mint az életkora, tehát lassítja az öregedés folyamatát. Ez minden univerzumenergiát rendszeresen közvetítőre – így pránát és kapcsolati stb. energiát közvetítőkre is igaz.

Ez azért van, mert szeretetenergiával dolgoznak, és nagy, sugárzó aura veszi körül őket, ahonnan a szeretet rezgése áramlik bennük folyamatosan, ami tisztít és feltölt test, lélek és szellem szinten, ami azzal jár, hogy belülről kifelé a szeretet fényét sugározzák minden élőre, és ez szépít és fiatalít.

Még egy dolog, amit jó, ha tudsz. Egy energia van. A rezgésben van eltérés, de nincs jó és rossz, a küldő vagy befogadó gondolata, szándéka szerint változik a hatása. Sokan élnek köztünk magas rezgésszinten élők, akik ezt mások befolyásolására használják, ami nem helyes. Ők nem tartják be az Univerzum törvényeit. Nem mind tudatosan teszik, csak önző érdekből, és azzal nem foglalkoznak, hogy negatív következménnyel jár, ha az embereket manipulálják.

AMIT ÉRDEMES TUDNI MINDENKINEK

A betegségeknek szinte minden esetben lelki hátterük van. Minden lelki probléma blokkot képez a hozzá tartozó szerv működésében, és így az a szerv megbetegszik, rezgésszintje lecsökken, energiahiány lép fel. Ha megtörténik az energiahiány és blokkok feloldása

Reiki energia segítségével, akkor újra egészséges működésű lesz a szerv.

Nagyon fontos az „ember" – test, lélek, szellem – kötése a Földhöz és az Univerzumhoz, azaz a testen és aurán átáramló égi és földi energiák áramlása.

Éghez földhöz kötésre mindenki képes. Lenyugvás, meditáció, légző gyakorlat – kinek mi hozza meg a jelenben tartózkodást, vagyis az összeköttetést a teljességgel. Pár fehér mécses vagy gyertya nem árt, segíti az ellazulást. Füstölő annak, aki igényli; nagyon halk, monoton zene, mantrázás – mindenki kitapasztalja, hogyan jut el a befogadás állapotába, aztán kezdeményezheti az égföld rezgésszintű összeköttetést.

Kis terpeszben állsz, lassú, körkörös mozgást végzel úgy, hogy az egyik lábadról a másikra felváltva helyezed át az egyensúlyodat folyamatosan, váltakozva. Ez körkörös mozgást eredményez az óramutató járásával egyező irányban. A két karodat az ég felé felemeled a füleid mellett, és beszélni kezdesz. Természetesen azt, amit mondasz, előre jól be kell tanulnod, vagy ha keresel egy éghez földhöz kötő meditációt, és azt hallgatod, az pont ugyanolyan jó. Ha te mondod, akkor már a figyelem és tudatosság magasabb szintjére jutottál, és nem más ütemére, hanem a saját érzéseidre támaszkodva haladsz, ezzel közelebb jutsz a célodhoz. Annál a résznél el tudsz időzni, ahol szükségét

érzed, és azt kétszer is elmondhatod, amíg a mondanivaló érzés szinten meg nem tapasztalható nálad. Nem a pontos szöveg a gyakorlat lényege, így elrontani sem tudod, rosszul csinálni sem, mert a lényeg a megtapasztalás. A szöveg esetleg hasonló ahhoz, amit te akarsz mondani. Az érzés az energia áramlásának érzete, ezért csinálod. Ez nem mantra, csak az érzéseidre figyelj! Mikor a körkörös mozgás már folyamatosan megy, nem kell rá figyelned, akkor kezdd a szöveget lassan mondani, és az érzékeléseddel csak magadat figyeld kívül belül, hogy miket érzel és érzékelsz közben. Becsukod a szemed, és nagyon lassan mozgatod felváltva az ujjaidat.

„Az ég és föld energiáinak befogadására felkészültem."
Ekkor kezdheted.

„Megnyitom a gyökércsakrámat, a talpaimat a föld felé, és gyökereket eresztek le a Föld középpontja felé. Lassan haladnak át a gyökereim a Föld rétegein, míg elérik a Föld középpontjában Földanyát, gyökereim körülölelik, és szívemből szeretetet küldök gyökereimen át neki. Béke, szeretet érzése járja át gyökereimet, és Földanya szeretete árad fel szépen lassan gyökereimen át. Belép az aurámba ez a szeretetenergia, és belép a testembe talpaimon, gyökércsakrámon át, majd halad felfelé a napfonat vagy elosztó csakrámba, ahonnan minden csakrámba, sejtembe eljut. Megnyitom koronacsakrámat, ujjaimat és fa ágainak képzelem, amelyek kinőnek, és haladnak felfelé az égbe. Elhagyják a Földet, a Naprendszert, a Tejutat, és haladnak tovább a teremtés forrásáig. Ágaimon át szívem tiszta szeretetét küldöm rajtuk felfelé, mikor becsatlakozik a teremtés fényszeretet forrásába, ahonnan az atyai fényszeretet fénye és energiája árad le az aurámba, onnan a testembe, a szívcsakrán át a napfonatcsakrámba. Találkozik a Földanya szeretetenergiájával, és egyesülve megtisztítják testem, lelkem, szellemem rezgéseit. Végtelen fényszeretet árad át rajtam, és ezt végig érzékelem. Mikor minden sejtembe eljutott ez a fényszeretet rezgés, megköszönöm Földanyának és a Teremtőnek ezt a tisztítást, összeköttetést, feltöltést, majd szép lassan visszatérek a jelenbe, az „itt és most"ba megtisztulva, szeretettel feltöltődve.

Ami még napi szinten fontos, az elengedés és megbocsátás. Megnyugvás neked. Hogy vált be, amikor kizárod a külvilágot és csak a belsődre, önmagadra figyelsz?

Azt mondom: lehet mást is, máshogy is, a lényege a megbocsátás legyen, és az aznapi történésekből azoknak a dolgoknak az elengedése, amikre már nincs szükséged, úgy érzed! Konkrét dolog vagy általánosan minden.
Megbocsátok mindenkinek mindent, amivel nekem kárt vagy fájdalmat okozott...
Felsorolod...
És megbocsátok magamnak is mindent, amivel másoknak kárt vagy fájdalmat okoztam... Felsorolod...
Megbocsátok magamnak is mindent, amivel saját magamnak kárt vagy fájdalmat okoztam...
Felsorolod...
Visszaadok minden olyan energiát, mely másé, és nálam ragadt, és kérek vissza minden olyan energiát, mely az enyém és másnál ragadt.
Kérem, hogy a megbocsátás és energiacsere menjen végbe minden szinten, időben, minden életben, minden dimenzióban, test, szellem, lélek, hormon, DNS szinten... Legyen így most!
Nem elég mondani, érzékelni is kell a folyamatot. Mindenkinél különböző ideig tart. Addig állsz és érzékelsz, amíg kell, ha végbement, és már nem érzel semmit, visszatérhetsz a jelenbe.
Fontos: mindennap legyél hálás azért, amid van: az életedért és mindenért, ami veled történik, mert tudod, hogy minden történés a te javadat szolgálja. A tanulásodat segíti még akkor is, ha a jelenben úgy érzed, nem, de hosszabb távon téged szolgál.

3. Légző gyakorlat megnyugváshoz

Szintén magad döntöd el, melyik részét hányszor végzed. A cél az, hogy a tudatodat odakösd, így tudsz érzékelni magadban és magad körül.

Az orrodon át beszívod a levegőt. 1-2-3, számolsz, majd a szádon kifújod, 1-2-3. Beszíváskor a karodat felemeled, kifújáskor leereszted.

Kombináció: beszívás: 1-2-3
bent tartom: 1-2-3
kifújás: 1-2-3
úgy maradsz: 1-2-3
beszívás: 1-2-3.

Mindenkinél más a tempó és az, hogy hányszor kell elvégezni a gyakorlatot ahhoz, hogy nyugalmat érezzen az ember, és másra ne gondoljon közben, csak a gyakorlat végzésére. Kis terpeszben, becsukott szemmel könnyebb az ellazulás.

Ha vizuális típus vagy, a számolás mellé képekben megjelenítsd magadnak: „beszívom a fényszeretetet, ami szétárad bennem, és kifújáskor kitisztít belőlem mindent, amire nincs szükségem". A rekeszizom aljáig szívod be, és teljesen a rekeszizom aljáig fújod ki, amire már nincs szükséged. Csak béke, szeretet és életerő van benned a gyakorlat végére. Mielőtt másokat energetikailag tisztulni segítenél, előtte légző gyakorlat, megnyugvás, saját magad megtisztítása. Majd ezt mondod: „Tiszta energiacsatornaként csatornázom a fényszeretet forrásának energiáját önzetlenül, segítő szándékkal! Ehhez kérem a fényszeretet erőinek segítségét."

Szöveg:
Gyógyító örök fény, mindenható kegyelem, megköszönöm és tudom, hogy egy vagyok veled. Megköszönöm és tudom, hogy fény vagyok a fényedből, erő az erődből, és szeretet a szeretetedből. Megköszönöm és tudom, hogy egy vagyok veled. Legyen így most!

Saját megtisztulásra:
1+2. Gyógyító örök fény, mindenható kegyelem, megköszönöm és tudom, hogy egy vagyok veled. Megköszönöm és tudom, hogy testem, lelkem áthatod gyógyító fehér életfényeddel, megköszönöm, és tudom, hogy egy vagyok veled! Legyen így most! Védelem kérése védőjel:
Védőhurkot kérek magam köré, amelyen csak a fény, a szeretet energiái és rezgései tudnak áthatolni, minden mást kizár. Védőburok feltöltéséhez kérem a fény szereteterőinek segítségét és energiáját csatornázni.
Hálásan köszönöm!

Ami a gyakorlatoknál nagyon fontos, hogy nyugalmi állapotban, teljes figyelemmel és átéléssel használnak. Ha mondod, látod képekben, amit mondasz, és onnan tudod, hogy valóban érzed is azt, ami történik. Ezt mindenki érzékeli, ha lecsendesíti a tudatát, és teljesen önmagát figyeli!

Legelső az ellazulást segítő gyakorlat. Kis terpeszben a fejeddel körözz hétszer jobbra, hétszer balra, aztán magad mellett egymás után rázogasd a karjaidat vállból, mintha rongyból lennének, és le is akarnának esni, aztán mindkét lábad felváltva rázogatod, aztán csípő körzés hétszer jobbra, hétszer balra.
Ha testileg ellazultál, következik a csukott szemmel elvégzett légző gyakorlat, agyad ellazulása. Csak számolsz és figyelsz. Beszívod a levegőt: 1-2-3. Benn tartod: 1-2-3. Kifújod, 1-2-3. Nyugalom 1-2-3. Beszívod, 1-2-3. Folyamatosan, amíg meg nem nyugszol. Mindenki egyénileg kitapasztalja, neki mennyi kell, ezután jöhet egy meditáció.

Javaslom:
Belső templom meditációt, lehet más is, Te döntesz. Ha a végén lévő rezgésemelést, tisztítást kéred utána, ha használni kívánod az Univerzum energiáját, csak ezek után a gyakorlatok után tedd.

Lekéred, magadra teszed a kezed, és engeded áramolni magadban és körülötted, és nem kell tenni, gondolni semmit, agyaddal az önmagadban érzékelt dolgokat figyeld, a bizsergést, a melegséget stb. Az energia intelligens, és tudja, hol van szükséged rá, oda fog áramolni benned. Ha már nincs tovább szükséged rá, már nem érzel tovább semmit, akkor végezheted tovább, amit szeretnél, feltöltve és szeretetben. További szép napot!

A SZABADIDŐD TARTALMAS ÉS HASZNOS ELTÖLTÉSE

Fontos, hogy tapasztald ki saját magadon, mi az, ami számodra kellemes és megnyugtat, segíti az ellazulást, a nyugodt alvást, a *most*ban tartózkodást.

Vannak, akik komolyzenét, akik keleti zenéket: hangtálat, hallgatnak szívesebben kinek mi válik be. A zene segíti az ellazulást, a hangok tisztító hatással vannak a csakrákra. Ha nem találtál még olyan zenét, amit rendszeresen hallgatsz és nyugtat, tisztít, legalább szolmizálj a fürdőkádban, lehetőleg úgy fekve, hogy a füled a víz alatt legyen és dó, ré, mi, fá, szó, lá, ti, dó. Sorban egyesével rezegtesd lehetőleg 20–30 mpig egyesével, és figyeld, a víz hogyan közvetíti aurádban és csakrádba. Mire a végére érsz, sokkal nyugodtabb leszel, és tettél magadért valamit. Ha ügyes vagy, dicsérd meg magad. Sokkal nyugodtabban tudsz aludni is, ha este lefekvés előtt végzed. Ha még meditálsz is egyet, akkor már sokat tettél magadért aznap.

Most megint hallom, hogy *nincs időm erre*. Hát vegyél a kezedbe újra papírt, tollat, és írd, miket csinálsz. Aztán egyik oldalra jönnek az igazán fontos dolgok és a másik oldalra az elhagyható dolgok. Mindjárt kiderül, mi helyett tudsz magadra időt szánni. Javaslat: napi több óra tévé nézés vagy agymosó sorozat felváltása meditációval és önmagad megismerésével.

Ez a könyv nem olyan, mind a többi sok százezer: elolvasod, és elmondod, ezt is elolvastam. Ezt a kezedbe veszed, és adsz időt a jelenben magadnak annál a résznél, ami a mostani élet helyzetedben éppen szükséges, elolvasol egy részt. Megnyugodva és semmiben, jelenben tartózkodsz közben, és utána engeded az agyad 90%ának, hogy elkezdjen működni, tehát nem a mindennapos használt 10%ának, azt kikapcsolod. Minden ember más, így a saját utadat neked kell megtalálnod. Azt, hogy mivel jutsz el abba az állapotba, mikor azokat a rezgéseket megérzed és befogadod, amelyek folyamatosan az agyad 90%ánál jönnek, nem a 10%nál. Figyeld magad külső szemlélőként! Ne gondolj, tegyél semmit, csak figyelj. Az eredmény szempontjából számít, hány leszületésed volt már, számítanak az előző életek tapasztalatai, érzései. Az égi információt képes vagy befogadni és feldolgozni. A lényeg az, hogy ne gondolkozz a tudatos 10 százalékkal.

Az ego minimális szintre csökkentésével van esélyed gyorsabb ütemben fejlődni. A cél nem a tanulás, az olvasás maga, hanem saját magad megismerése és érzékelése. Ha elhatározod, hogy valóban kíváncsi vagy valódi énedre – nem arra, amit mások felé mutatsz beilleszkedés, munkamegtartás és családi élet egyben tartása érdekében, hanem teljes valódra kíváncsi vagy –, akkor szépen lassan a saját befogadóképességed ütemében kapod a válaszokat önmagadról. Ez a kezdet, és sok időt kell szánnod a jelenben tartózkodásra egyedül, zavaró körülmények nélkül.

Ne akarj semmit, csak befogadóként, érzékelőként legyél jelen. Ne másokért, magadért ismerd meg önmagad! Mikor már megismerted és szeretni is képes vagy önmagad, úgy, ahogy vagy, esetleges hibáiddal együtt, egészként, akkor már képes leszel arra is, hogy őszinte szeretettel fordulj mások felé. Segítő szándékkal az élet aprócseprő vagy nagyobb dolgaiban segíts másoknak önzetlenül. A szeretet nem árucikk. Az is igaz, hogy energetikailag szükséges, hogy kapjál valamit, de ez nem pénz! Hála, szeretet, köszönet, viszont segítség stb., ezek pont olyan rezgések, amik kiegyenlítik az adás és kapás egyensúlyát.

Ma sajnos azt gondolják sokan, hogy csak pénz lehet az ellenérték, de ez hibás gondolat. Ezért van az, hogy ha valakinek sok pénze van, hozzájut mindenhez, akinek nincs, az nem, pedig egy szegény ember őszinte hálája energetikailag pont olyan hasznos számodra és elfogadható, mint annak a pénze, akinek van. Minden önzetlen cselekedeted az életfolyamatodban visszatér pozitív történések formájában, míg minden negatív gondolat, cselekedet szintén. A dühös, gonosz embereknek van pénze, de lelki békéje, nyugalma, az nincs. A pénztől nem leszel boldog, attól se, ha nincs, de abból kell gazdálkodnod, amid van, és ha a gazdálkodásod pozitív és segítőkész, és egységben vagy önmagaddal, az emberektől szeretetet, megbecsülést kapsz akkor is, ha nem öltözöl utolsó divat szerint, és nincs meg mindened, ami a szomszédnak.

Mindig megvan az, amire akkor épp szükséged van az utadon.

Itt olvasd el újra „a pénzhez való viszony" részt, és tanulj meg a szerint élni. Nem hazudok, egy nap múlva már érzed a változást, de rajtad és az élet helyzeteden múlik, ha nemcsak olvasod, hanem valóban el is hiszed, és úgy cselekszel. Előbb utóbb észreveszed a változást az életedben. Akinek jobban megy, az elmegy wellnessezni, de ha nincs rá pénzed, ne aggódj. Te otthon, saját magad ingyen pont olyan nyugalmat, békét, lelki tisztulást érhetsz el, mint más sok pénzért. Te döntesz magadról, az út, amin jársz, az amit születésed előtt megterveztél. Nem kell ehhez másokhoz szaladgálni, ha megismered önmagad és figyelsz magadra, akkor tudni fogod.

Ha jó úton haladsz, megvan minden, amire szükséged van. Van hol laknod, van mit enned, nem aggódsz, szeretetben élsz a családoddal, munkatársaiddal stb.

És főleg egészséges és nyugodt vagy. Ha ezekből valamelyik nem igaz rád, akkor fontos dolgod van, mert valahol valamit nem úgy csinálsz az életedben, ahogy eltervezted, és ilyenkor szoktak előfordulni betegségek, rossz párkapcsolat, munkahelyi konfliktusok, munkanélkülivé válás. Tudnod kell azonban, hogy pozitív gondolkodással és változtatással te tudsz mindenen változtatni, ha a döntésed őszinte a változásra. Tudnod kell, hogy mindennek oka van az életedben. Tanulsz belőle valamit, de nagyon fontos, hogy vedd észre, mikor kell valamiben változtatni! Lehet ez munkahely, párkapcsolat stb. Akkor a régihez már nem szabad foggal, körömmel ragaszkodni, el kell ENGEDNI! Nagyon nehéz, és tudd, hogy semmi sem kötelező, csak ha szeretnéd, de amíg nem engedted el, ami már nem szolgál téged, addig nem jön új lehetőség, munka, párkapcsolat stb. Az életedben egy helyben topogsz, és ez egészségileg hosszú távon gondokat fog okozni – előbb kisebbeket, aztán, ha még tovább ragaszkodsz ahhoz, amit már el kellene engedned, akkor súlyos gondokat okoz. Te döntesz magadról, nem mások, így a felelősséget sem tudod áthárítani az életeddel, gondjaiddal kapcsolatban. Csak te vagy érte a felelős, ha megbetegszel, előbb lelkileg, majd testileg is, aztán szintén a gondolat, hogy felállsz, és egészségtudatosan, elengedve a régit, mész az újba, vagy ragaszkodsz a régihez, nem vagy hajlandó elengedni, és szépen lassan rámész testileg és lelkileg. Az ember maga dönt a távozásról is. Általában minden embernek 3 kilépési helye van az élete folyamán, mikor a lelke kilép a testből, és az újra megszületést választja. Feladatokkal, tanulnivalóval születik mindenki, és megtapasztalások gyűjtésére. Mindez függ attól, hány életet éltél már, mi az, amit tudsz, és mi az, amit még meg kell tanulnod és megtapasztalnod itt és most, ebben az életedben.

Azt hiszed most, hogy nekem könnyű, mert tisztán érzékelek, látok, hallok, de tudnod kell, hogy minden ember képes minderre. Valamilyen szinten benned van a lehetősége, hogy feltárd a benned lévő esélyeket és csodát. Az idő az, amit kell adnod rá, és a figyelem önmagadra – ez a kezdet, és ha már kezdesz érzékelni, a legkisebb eredményt is becsüld meg, ne akarj mindent egyszerre, mert az nem vezet jóra. Összeomlasz alatta. Csak lépésről lépésre fejlődj, a saját tempódban, akkor nem lesz semmi bajod. Tudom, mire gondolsz, hogy az jó, ha lát mindent az ember, de hidd el, nem olyan jó ám mindig. Sok szenvedést érzékel az ember még kényszeresen mosolygós emberek lelkéből is, ez lelkileg fárasztó. Nos, most azt gondolod, nekem könnyű, biztos így éltem mindig, hogy ezeknek a képességeknek a tudatában voltam, de nem igaz. Nyitottnak születtem, de ez csak 30 évi bezárás után jött elő szépen lassan az életemben. Tudd, hogy nagyon sok kisgyerek így születik erre a világra, de a szülők, rokonok, maga a rendszer bezárja őket, ahogy velem is történt. Láttam dolgokat gyerekkoromban, de ha elmondtam, azt mondták, buta vagyok, képzelődöm stb. Tehát negatív visszajelzések voltak, és mikor beszélgettem meghalt rokonom lelkével a temetése után, akkor most már tudom, tudatosan lezártam az érzékelésemet, és éltem az átlagemberek életét 30 éven át. Munka, család, anyagi javak előteremtése volt a fontos, és ezekkel a dolgokkal nem foglalkoztam. Aztán történt egy haláleset, ami nagyon megrázott, és egyedül voltam, és észrevettem, hogy érzékelek dolgokat, de a külvilágnak nem mondtam el, mert emlékeztem gyerekkoromból, milyen visszajelzéseket kaptam. Azonban éreztem, hogy nincs valami rendben velem, bennem, körülöttem, talán nem vagyok az utamon. Aztán negatív gondolatok, betegségek következtek. Én hittem a valódi világban, az orvosokban, de akkor még nem tudtam, hogy körben járok, nem engedtem el bizonyos dolgokat, amelyeket már el kellett volna, az orvosok pedig a betegségtudatot kódolták belém. Hittem nekik, nem figyeltem, és hittem a saját megérzéseimben. Most utólag viszont már látom, hogy mindig volt figyelmeztetés. A mai orvoslás legnagyobb hátránya a tüneti kezelés: diagnózis, aztán a műtét. Aminek lelki oka van, ha lelki el nem engedés manifesztálódik betegségben, azon nem segít a műtét. Amíg a lelki probléma nem oldódik meg, a betegség újra és újra visszatér, aztán műtögetik az embert, mert ez a gyógyítás ma, de amikor már 3–4 műtét után mindig visszatér egy probléma, akkor illik elgondolkodni.

Miért? Mi a betegség igazi oka? A legutolsó műtét történetét leírom, példaként, okulás végett, hátha segít másoknak, ha ilyen helyzetbe jutnak.

Ne csak a tünetre figyeljetek, tárjátok fel a valódi okot! Ezt ma a nyugati orvoslás nem teszi, ezt mindenkinek magának kell megtennie. Volt egy orvos, akiben feltétel nélkül megbíztam, és azt mondta, nagy baj van, műteni kell, de ő nem vállalja, hátha áttétes, és más testrészemet is műteni kell. Elvitt az onkológushoz, majd az ajánlott specialistát. Addigra a betegségtudatot és a félelmet kellőképp belém táplálták. Eljött a műtét időpontja, szépen előkészítettek, és a műtét elmaradt. Nos, akkor, ha nem ijesztenek ennyire rám, már észhez kellett volna térnem, hogy nem a műtét a megoldás, az ok megkeresése oldaná meg a helyzetet, de én ragaszkodtam a műtéthez, amit egy hét elteltével el is végeztek. Ugyan nem az volt, amit előre megbeszéltünk, hanem más, az orvos a megkérdezésem nélkül úgy döntött, nem azt végzi el, amiért odamentem...

Nos, másnap reggel átmentem kicsit a túloldalra, és már belenyugodtam, hogy elmegyek, akkor az egyik nővér riasztotta az orvost, és visszahoztak.

Akkortól tudom, hogy még van itt dolgom, és most végzem azt a munkát, amiért megszülettem: az emberek segítését, tanítását és gyógyítását a fényszeretet csatornázásával.

Most már tudom, mi az utam. Akkor, mikor műtét után 2 hónappal pont olyan bajom volt, mint a műtét előtt, az orvos azt mondta, majd újra megműt. Azt mondtam, nem kell. Én okoztam, én tudom helyrehozni is. A fényszeretet erőinek segítségével és azzal, hogy 2 hónapig egészségesnek képzeltem magam, valamint mindennap energiával tisztítottam és töltöttem fel magam.

2 hónap után a kontroll már semmit sem talált a betegség helyén. Onnantól tudom, megvolt a jel: nem kellett volna a műtétre elmenni, mert az előző sem oldott meg semmit. A félelem, kétségbeesés, rossz gondolatok csak egyre mélyebbre visznek, a fény, a pozitív, egészséges gondolat tud csak segíteni. Már azt is megtanultam, hogy minden ember maga dönt a sorsáról, és nem szólhat bele senki a döntésébe.

A gyógyítás szó sem igazán jó, hisz azt kódolja az emberekbe: beteg vagy, pedig a helyes kód, ha egészséges akarsz lenni: az egészségben vagyok. Ez valósítja meg az egészséget. Aki orvoshoz elmegy, abból nagyon kevés az egészséges, mert a betegségtudatot erősítik és gyógyítják. Tartósan nemigen gyógyul meg senki, tisztelet a pár kivételnek, aki olyan erős „egészséges vagyok" tudattal gondol magára, hogy mégis az lesz. A többieknél egyik betegség után jön a következő, aztán még újabb gyógyszerek. Az emberek nagy részét feszt gyógyítják 50 éves kora után, és gyógyítják egészen a haláláig, nagyon kevesen lesznek egészségesek. Azt érdemes felismerni, hogy mivel mindenki maga okozza a betegségét, helytelen életvezetéssel, gondolkodással, az elengedés elmulasztásával és még sorolhatnám, amikor találnak valamit, nem a rémület és félelem segít, hanem az egészségbe vetett hit, és az igazi ok megtalálása, megszüntetése. Változtass azon, ami számodra már nem jó! Nagyon fontos, hogy két egyforma ember nincs, így mindenki maga tudja igazán, mi okozza a valódi kiváltó okát a gondjának, és csak ő képes a kiváltó okon változtatni is!

4. Az érzékelés folyamata

Ha egy blokk, amit magad teremtettél, kioldódik benned, és újra szabadon áramlik benned az energia, akkor az első, amit érzékelsz, az energia áramlása benned és körülötted. Melegség, hidegség, bizsergés, villámcsapásszerű dolog.. Ha ezeket már tisztán érzékeled - szinte mindenki képes rá, ha szeretné, és ad időt és nyugalmat magának a megtapasztalás befogadására -, és ha úgy döntesz elindulsz a saját önismereted útján, meditálj, mantrázz stb. Ez eljuttat a jelenben tartózkodás szintjére. Akkor kérd meg az őrangyalodat, lépjen kapcsolatba veled. Ha ez megvan, kérd a segítségét és védelmét! Ha már megismerted, mindennap köszönd meg a segítségét és támogatását.

A következő szint a saját felsőbb éneddel való kapcsolatfelvétel és kommunikáció. Tőle is kérhetsz segítséget és támogatást, majd információt. Ő közvetíti feléd az előző életeidből hozott tudást és megtapasztalásokat.

Mikor már ez a kapcsolat is jól működik, és megismerted önmagad - ki vagy, miért vagy itt a *most*ban, milyen tanulnivalóval és megtapasztalással van dolgod -, akkor már elég erőd van ahhoz, hogy a fényszeretet erőinek angyalaival felvedd a kapcsolatot.

Aki nem vallásos, azoknak égi mesterek, ők azok, akik tiszta életük után már nem születnek a földi síkra, hanem föntről gondolati úton segítik az igaz, tiszta, segítő szándékú lelkeket a földön.

Na, ennél a szintnél feljebb kevés ember jut el, tehát nem kell tovább ezzel törődnöd. Ha kiválasztott Messiás vagy, akkor ezen a szinten belépsz az összes egyetemes tudás tudásmezejébe.

Nem ez a cél. Innen már lehetőség van kikerülni az örök körforgásból. Ez olyan kevés embernek adatik meg, hogy nem érdemes tovább részletezni. Ehhez a szinthez egész életedben tiszta tettek, gondolatok és cselekedetek szükségesek. Ilyen ember nem nagyon van. Ritkán, 1-2 egy emberöltőben. Ehhez szükséges, hogy életed minden cselekedetével, gondolatával el tudj számolni az egyetemes erkölcsi értékek betartásával, sohase táplálj haragot senki iránt, élj tiszta testi és lelki életet. Bocsásd meg mások bűneit és szeretettel, segítő szándékkal közeledj minden élő felé. Adj hálát mindennap mindenért, ami veled aznap történt, mert a fejlődésedet szolgálja minden történés, még ha ezt nem is így érzed. Fontos, hogy naponta engedd el, amit már meghaladtál. Lehet ez ember, tárgy, gondolat. Tudd, hogy minden téged szolgál, és a megtapasztalásodat, tanulásodat segíti még akkor is, ha egy közeli haláleset, munkanélküliség stb. történik, mert lezáródik egy élet vagy munka, vagy más életesemény. Ha elengeded, akkor tudsz továbblépni, és egy rád váró új, pozitív történés befogadására válsz képessé. Amíg nem engedel el a történéseket, tárgyakat, élőket, akikre, amikre már nincs szükséged, addig nem vagy képes továbblépni, új tárgyak, lakóhely, emberek, történések, új munkahely stb. életedbe lépését beteljesíteni, és az életfeladatodat, életutadat folytatni más úton, mint eddig.

Legyél békében önmagaddal, csak szeretet, béke, nyugalom és megbocsátás töltse be szíved, lelked és életedet.

5. Tudatos teremtés a gondolataid által

Első olvasásra néhányan kételkedni fognak, de az nem, aki már halad az útján, rendszeresen, napi szinten végzi a gyakorlatokat, élete részévé tette a folyamatos jelenben tartózkodást, nem nézeget folyton vissza a múltba, és nem a jövőt tervezi állandóan, hanem a ma kis és nagy szép pillanataiért hálás mindig. Aki így él, az a jelenben tartózkodik, ott keresi élete értelmét, és a jó iránt elkötelezett, a lelki béke által boldog az „itt és most"-ban, nem kíván mindig többet, megelégszik azzal, amije van. Gondolati síkon siker és anyagi javak áramlanak hozzá, mert ezt vonzza be az életébe.

Meglesz mindene, amire szüksége van.

Itt sokan eltévednek, mert azt nem értékelik eléggé, amijük van, lottó ötösben gondolkodnak, pedig a pénztől magától nem lesz boldog az ember. Akinek nincs, azt hiszi, de sok olyat ismerek, akinek lett sok, és sokkal boldogtalanabb lett, mint szegényen előtte volt.

Ha csak pozitívan gondolsz magadra és másokra, azt vonzod be, hogy elégedett leszel azzal, amid van, és nyugalomban, harmóniában élsz önmagaddal és a környezeteddel. Élvezed a jelen apró örömeit, értékeled a környezeted tagjait és segíted őket a saját útjukon elindulni a példád által, amit közvetítesz feléjük. Szinte mindenkiben megvan az igény a jóra, szépre, de sokan önmaguk ellenségei: mindig a múltjuk történésein rágódnak, vagy a jövőt tervezik, csak épp a jelen csodáit, apró örömeit nem veszik észre.

Ha nézel egy szép tájat vagy virágot, bármit, ami a jelen pillanatban örömet okoz, szépséget közvetít feléd, maradj nyugodt pár percig, és éld át azt a pillanatot! Csak nézd, és ne gondolj másra, csodáld a jelen pillanatát és élvezd az érzést, békét, nyugalmat, szeretetet, amit közvetít számodra, ha hagyod!

Ha tovább rohansz, rossz dolgokat sorolgatsz magadnak, nem kifelé mész abból a helyzetből, amiből a kiutat keresed, hanem egyre mélyebbre süllyedsz a saját magad által teremtett gödörbe, míg olyan mélyre jutsz, hogy már egyedül ki sem tudsz jönni. Ugye, nem ezt szeretnéd megteremteni magadnak? Jó gondolat = jó teremtése. Egészséges gondolat = egészséged megteremtése. Rossz gondolat = életedbe egyre rosszabb dolgokat vonzol be, rossz anyagi helyzetet és sikertelenséget! Te döntöd el, mire gondolsz! Nehéz! Próbáld azoknak az embereknek a társaságát keresni, akik pozitívan gondolkodnak, azok segítenek neked a jó irányba haladni.

Ha sokat tartózkodsz sopánkodó, mindenben a rosszat látó emberek társaságában, lehúznak testileg, lelkileg, energetikailag az ő szintjükre.

Nagy változások vannak a világban. A régi, ősi, több 10 ezer évvel ezelőtti civilizációkból hozott tudással és tapasztalattal rendelkező emberi lelkek közül már közel 1 millióan megszülettek a mában. Ők nyugalmat, békét, szeretetet sugároznak maguk köré, és segítik az emelkedésre vágyókat, ha azokban őszinte az igény a fejlődésre, saját jó oldaluk használatára és megtapasztalására, az önzetlen, tiszta szeretetre. Sokuk még gyermek, de tiszta energiákkal élnek már most: gyermekként segítik, tanítják a környezetükben élőket.

A TEREMTŐ GONDOLAT

Mikor már érzed, hogy tudatos teremtő vagy, kontrollálod a gondolataidat – ami bizony nehéz, főleg az elején, mikor elkezded, de vigasztaljon, hogy minél tudatosabban élsz, cselekszel, létezel, annál könnyebben fog menni –, nagyon érdemes a vágyakat a lehetőségekkel összevetve megtervezni, lépésről lépésre haladva.

Csak olyat teremts, ami téged szolgál, de másnak sem árt, és tudd, hogy nem lehet naponta, hetente újat teremteni! A teremtés egy folyamat, ha mindig változtatod, amit el akarsz érni, sohasem valósul meg, amit kigondoltál. Azt kell gondolnod, teremtened, ami hosszú időre szól és nagyon fontos. Ne a folyamatot, a végeredményt vetítsd. Az agy pont úgy reagál a te teremtő gondolatodra, mint a tévéreklámok, vagyis minél sűrűbben vetíted azt, amit teremteni szeretnél, minél hosszabb időn át, annál nagyobb az esélyed a bekövetkezésére, a sikeres teremtésre. Ha mindig mást akarsz, gondolsz teremteni, sohasem éred el a megteremtését: újra és újra belefogsz, de nem fog sikerülni. Légy kitartó, céltudatos teremtő!

Fontos, hogy az elégedettséget sohase mások sikereihez, lehetőségeihez mérd, a TE utad, a Te lehetőségeid és adottságaid, vagyis önismereted alapján teremts, és minden kis sikerért legyél elégedett és hálás. Ha eléred azt, amit kívánsz, akkor teremthetsz megint, de ne légy nagyravágyó, hiú. Mindig úgy teremts, hogy másoknak ne árts teremtésed végeredményével.

Tudom, nehéz, de ha már belejössz, hidd el, egyre könnyebben fog menni!

Elárulok még valamit. Itt sokan az gondolják, szép is, jó is, de nincs rá időm, és itt azonnal ezer jó kifogást talál a tudata, egója vezényletével mindenki. Ne hallgasd meg ezeket a gondolataidat! Ami ellened van, az nem téged szolgál, tehát meg kell tanulni törölni az olyan gondolatokat, hogy miért nincs időm és kitartásom a teremtéshez.

A visszahúzó gondolatokat 1–2 kisebb siker után már a sikerekkel tudod helyettesíteni, és az érzést is engedd meg magadnak újra átélni, az sokszor segít.

Még valami... Tudtad, hogy ha gondolatban sétálsz, edzel, a tested pont úgy reagál, mintha valóban futottál, sétáltál, edzettél volna? Próbáld ki, meglátod, sokkal jobb lesz a közérzeted, ha tévénézés helyett esténként gondolatban lenyugodva sétálsz, futsz, edzel stb., amit szeretnél, de nincs időd eljárni.

൬. **Az életút
megtervezésének csapdái**

Az emberek többsége minden részletre kiterjedően elvégzi az életútja megtervezését, ami helyes ugyan, de ha valami nem a részletesen kidolgozott tervbe beleillő dolog történik, akkor újratervez és újratervez. Ezzel az a gond, hogy sohasem indul be igazán az életterv megvalósulása, mert olyan gyakran változtatják az utat, hogy nem hagynak időt a megvalósulásra. Helyesebb, ha a végcélt tervezi meg valaki, és éli az életét. Ha naponta kódolja a célt, ami már megvalósult, és nem az utat. Akkor indul be a megvalósulás folyamata égi támogatással, ha nem változtat rajta éveken át. No, nem rögtön valósul meg, és mindenkinél más idő kell hozzá, de elindul a folyamat, ami olyan lehetőségeket, személyeket fog az útjába hozni, amelyek és akik segítik a cél megvalósulásában.

De fontos betartani a legfontosabb szabályt: csak olyat akarj, ami neked jó, de másnak sem ártasz vele! Ezt fontos figyelembe venni már a cél kitűzésekor, és folyamatosan figyelni az életfolyamatban, hogy megvalósuljon. Minden ember más és más tanulnivalóért van itt. Figyelj nagyon! A saját utad csak akkor valósul meg, ha nem ártasz vele másoknak, mivel mind egy egységes egész részei vagyunk, így, ha másnak kárt okozol, az visszahat rád. Nem mindig rögtön, de hidd el, idővel minden visszajut hozzád, a jó éppúgy, mint a rossz. A megvalósuláshoz nem a megvalósulást kell akarni, mert akkor csak az akarás valósul meg folyamatosan, hanem azon kell dolgozni minél nagyobb harmóniában, hogy minél hosszabb ideig egységben légy önmagaddal. A nyugalom, béke, szeretet rezgései, amelyek benned és körülötted áradnak, fogják az utadba segíteni azokat az embereket, dolgokat, erőforrásokat, munkákat stb. - mindenkinek egyénileg -, melyekre neked szükséged van a kódolt cél eléréséhez.

Fontos még az erkölcs. Nem kell iskolában és templomban tanulni. Mindenki, aki nyugodt állapotban a szívére teszi a kezét és felteszi a kérdéseit, a válaszokat megkapja saját magától. A lélek tudja a helyes utat, ha meghallgatják, de sokan sajnos nem a lelkükre hallgatnak: a harag, düh, rossz erkölcsi példák egy eseménynél sajnos rossz tanácsadók, és nem segítenek az életterv megvalósulásában.

Nem azt mondom, hogy állandó újratervezéssel nem lehet eljutni a megvalósuláshoz, csak az út hossza többszöröse lesz annak, mint ha egyenesen haladna az ember. Ha csigavonalban be, ki, kanyargósan halad, időnként „nekimegy" a falnak. No, itt vannak sokan, akik már észhez térnek, de van, aki akkor sem, csak erőlteti azt, ami nem az útja.

Fontos az elengedés, mások segítése és a tolerancia. Ezek nélkül lassabban halad az úton. Van olyan aki magas ego szinten éli az életét, másokon átgázolva. Mindenki képes szépre, jóra, békére, szeretetre, ha megengedi magának, és nem akar beilleszkedni abba az egóval jól megáldott tömegbe, ahol a cél érdekében mindenen és mindenkin átgázolnak, végül nem lesznek boldogok. Később minden negatív cselekedet visszatér az elindítójához.

Tudom, sokan erre azt mondják: nem, most rögtön. Ez is változó. Van, akinél pár hónap, év vagy évtized múlva, de ha nem ebben az életben, a következő születésénél már biztosan. Sőt, vannak olyan cselekedetek és gondolati programok is, amelyeket, ha megvalósít valaki, esetleg több következő leszületésben is megérzi a hátrányát.

Nem véletlen az sem, hogy az összes előző élet cselekedeteinek nem ismerésével a tudatunkban születünk újra. Így könnyebb az ember számára: kap egy tiszta, új esélyt, amíg az erőforrásait jóra fordítja, addig nincs is szükség az előző életekből hozott nyomasztó dolgok ismeretére.

Ám ha itt és most mindig „nekimegy" a falnak, na, akkor már tudja, nem az itt és most eseményei, tettei, gondolatai vannak

45

csak az életében, van előző életből „hibásan" megoldott problémát is, amit csak itt és most lehet helyesen, gondolattal, jó tettekkel és tiszta erkölccsel kijavítani, hogy még további életeken át ne jöjjön elő újra meg újra. Sajnos ez addig jön ám, amíg nem helyesen oldja meg az adott problémát a lélek. Mikor számára megfelelően és a valódi erkölcsi törvény betartásával sikerül megoldani ebben az életben azt a problémát, megkönnyebbül, és nem kell tovább hordoznia magával.

TANÁCS GYÁSZOLÓKNAK, HA KÖZELI SZERETTÜKET VESZÍTETTÉK EL

A gyász nem igazán arról szól, hogy sajnáljuk, aki elment, mert azt tudjuk, hogy a lelke él, és abban az időszakban még érezzük a jelenlétét. Ha a vele kapcsolatos, esetleg ki nem mondott érzéseket, dolgokat, gondolatokat kimondjuk vagy gondoljuk, átmegy hozzá még ilyenkor. Aztán, ha igazán szerettük, akkor elengedjük, és ha elengedtük, hogy haladhasson az elszámolás, megtisztulás és újraszületés útjára, akkor a bennünk keletkezett hiánya miatti űr kitöltése a gyász lényege. Sajnáljuk magunkat a hiánya miatt. A gyásznak is van egy folyamata, és azon a gyászolónak is végig kell mennie. Az az út szintén egyedi, hogy mennyi ideig tart. Aki nem megy végig a gyász folyamatán, annak később gondjai lesznek testi és lelki szinten: ez az eltussolt gyászreakció. Sajnos nem lehet gyorsan átfutni a folyamaton. Jó, ha vannak melletted olyanok, akik szeretnek, figyelnek rád, az sokat segít a továbblépésben.

Ha maga van a gyászoló, jó, ha kisírja a fájdalmát, mert a lelke könnyebb lesz a sírástól. Ne akarj „erős" lenni: aki őszintén szerette azt, aki elment, nem tud erős lenni, mert szenved a hiánya miatti fájdalomtól. A sírás segít a saját lelked fájdalmának oldásában, és a szeretett lélek elengedésében.

MÉG PÁR DOLOG, AMIT JÓ, HA TUDSZ

Meditáció, energetizálás stb.

Lefekszel nagyon kényelmesen az ágyadra. Nem kell hozzá a feszült háttal üldögélés, mert fekve, kényelmesen még jobban és gyorsabban el tudsz lazulni és a meditációra figyelni, mint ha bezavar a tudatod, hogy sajog a hátad, begörcsöl a lábad. Ezek a dolgok csak a körítések, igazán nem fontosak. A fontos az ellazulás, a „kikapcsolt" állapotba jutás, és ezt mindenki saját maga tudja igazán, hogy neki hogyan könnyebb. Nem kell mindig mások tanítását követni: az egyén útján az egyénnek is van szabadsága, hogy a számára legjobb, legkényelmesebb utat válassza a fejlődéséhez. Sok sikert kívánok a saját utad megtalálásában, és az utadon saját tempódban való haladásban! Kívánom, érd el a célod, s legyél boldog, elégedett és kiegyensúlyozott, harmóniában és egységben test, lélek, szellem szinten folyamatosan: akkor végzed azt a dolgot, amiért itt vagy az „itt és most"ban.

Ami még fontos, az elengedés. Ahogy nő a rezgésszinted, fejlődsz, úgy válnak a régi kapcsolataid feleslegessé, megoldottá. Akkor már nem fogod az alacsony rezgésű emberek társaságában jól érezni magad, szükséged lesz a hozzád hasonló, magasabb rezgésszintű emberek társaságára. A mindennapokban a barátaid, társad változni fognak: új, neked, a rezgésszintednek megfelelőbb barátok, társak és ismerősök lépnek be az életedbe, velük szeretnél egyre több időt tölteni, várod a közös meditációt.

Még egy gyakorlat, amit én napi szinten végzek, ez folyamatos szeretetáramlásban tart, segít minden élő felé szeretettel fordulni.

Kis terpeszben állok, légző gyakorlat, lenyugvás, ég felé felemelem a két karom és ezt mondom:

„A fényszeretet forrásából kérek egy fénysugarat! Rajtam keresztül Földanya szívéig áradjon a fény szeretetenergiája, mely megtisztítja testemet, lelkemet, szellememet, aurámat és csakráimat. Megtisztítja szívemet, és feltölti ezzel a tiszta szeretettel, amelyet szívem szeretetével csatornázok magam köré a fényoszlopba, és onnan minden élőre, aki kéri vagy elfogadja.

Minden tudatosan, vagy tudat alatt visszautasított energiát kérek Földanyához csatornázni az ő megtisztulására.

Hálásan köszönöm a csatornázás lehetőségét!

Hálásan köszönöm a fényszeretet erőinek áldását, minden segítségét, tanítását!

7. Naponta végzendő gyakorlatok

A legfontosabb, hogy csak lenyugvás után érdemes végezni, mikor érzed, hogy már kellőképp ráhangolódtál. Akkor mindig érdemes légző gyakorlattal kezdeni, ahogy neked jó, mert te tudod igazán, mitől jutsz nyugalmi állapotba. Ha sokféleképpen próbálgatod és találsz számodra jó megoldást, utána már mindig azt alkalmazd. Ez mindennap része lesz az életednek, és ha lesz olyan nap, mikor nem csinálod, már hiányérzeted lesz. Lenyugvás, légző gyakorlat saját tempóban.

Beszívod a levegőt, és ha már megvan a tempó, nem kell három ütemben számolni, hanem tudatosságod olyan fokára érkeztél, hogy mondod, és ha már megy, el is képzeled képekben is.

Beszívom a levegőt, ami engem test, lélek, szellem szinten tisztít.

Benn tartod, és arra gondolsz: a levegő átmos és felszív, és felvesz belőled minden feszültséget, gondot, bajt, betegséget. Sorolod még egyénileg, amire már nincs szükséged.

Azután kilélegzel, és gondolod vagy látod is képekben, amint csukott szemmel kifújod a levegőt, és az kivisz belőled mindent, amit előtte odaképzeltél, hogy már nem szolgált téged.

Kifújod teljesen, rekeszizmod legaljából is kipréseled, és mikor minden levegő távozott, megtapasztalod a békét, nyugalmat és tisztaságot, ami utána maradt benned. Annyiszor végzed el, amíg a kilégzés után már nyugalom, béke járja át a tested, lelked, szellemed. Az összes többi gyakorlatot csak ebben az állapotban érdemes elvégezni, mert ha más gondolatok vannak benned, nem tudsz arra koncentrálni, ami ezután következik.

Naponta adj hálát az életedért és mindenért, ami történt, mert mindennek oka van az életedben, tanulsz belőle és utat mutat neked, hogy jó úton jársz, vagy kívánsz esetleg változtatni az utadon. A te döntésed, a te életed. Te dönthetsz egyedül magadról! Legjobb, ha este lefekvés előtt, lehetőleg tisztálkodás után, végzed el a gyakorlatokat. Akkor nyugodtabb éjszakád lesz, és kipihenten kezded másnap reggel a következő napot. Ha teheted, ne gyűjtögess magadban sérelmeket. A megbocsátást mindennap végezd el: másoknak és önmagadnak is bocsáss meg, úgy térj aludni. Az a legjobb, ha úgy zárod a napod, hogy nem marad benned semmi olyan, amit úgy érzel, nem mondtál ki, nem engedtél el, amire már nincs szükséged, és nem bocsátottál meg másoknak, főleg önmagadnak. Nagyon fontos megbocsátani minden aznapi eseményért, amivel saját magadnak kárt okoztál!

Szükség van napi szinten a pozitív megerősítésre. Ez kívülről hasznosabb, de ha nincs, aki naponta megdicsérjen eredményeidért, akkor állj szembe a tükörrel, és dicsérd meg magad. Dicséret, pozitív önértékelés nélkül nincs fejlődés. Az iskolában is inkább ezt kellene elterjeszteni a büntetés és rossz jegyek kiosztása helyett. A gyerekek örömmel tanulnának, és sokkal jobban viselkednének. A pozitív megerősítésre pont ugyanolyan szüksége van a gyereknek és felnőttnek, mint az élelemre. Sajnos sokaknak, azt érzékelem, nem adatik meg, pedig ez szintén ingyen van. Pár kedves, dicsérő szó csodákra képes minden élőnél.

Étkezés. Megér pár gondolatot. Mindenféle divatok jönnek és mennek, de tudd, hogy a legfontosabb: te magad tudod, mire van szükséged, miből van hiány benned. Ha elég tudatos leszel, és figyeled önmagad – mindenki megtapasztalja, aki csinálja –, hogy észreveszed önmagad rezgéseit és szervezeted súgását, ami lehet, hogy abban nyilvánul meg, hogy miközben vásárolsz, többször visszanézel arra a dologra, amire szükséged van. Van, akinél gondolatban vetődik fel olyan élelmiszer képe vagy illata, esetleg íze a szájában, amire szüksége van. Teljesen egyedi, kinek mikor mire van szüksége. Hiába várod kívülállók véleményét, te magad tudod, mi az, ami éppen kell.

Azért van pár dolog, amit magadon kikísérletezve érdemes fogyasztani. Ezek a lehetőleg „tiszta" élelmiszerek, gyomirtó és hozzáadott kemikáliamentes hús, gyümölcs, gabona stb. Mindent lehet enni. A mennyiség, nos, erről már írtam. Fontos, hogy kevesebbet, mint eddig. Ha hetente 2-3 nap keveset eszel, akkor tisztul a szervezeted. Jobban érzed magad, ha nem tömöd degeszre mindig magad. Nem kell tisztító csodaszer: tiszta ásványvíz, zöld tea, és azokon a napokon, mikor kevesebbet eszel, csak egy étkezés, a többi folyadék. Így esélyt adsz a saját szervezetednek, hogy végezze a munkáját, nem terheled túl, hagyod kiürülni, lebontani, kitisztulni, hogy a következő nap ismét jól működjön. Cserébe egészségesebb leszel, és ez sem kerül plusz pénzbe, csak szokás kérdése.

Én három hónapon át éltem teán, ásványvízen és egy kanál mézen naponta. Nem haltam éhen, sőt már az első hét után nem is hiányzott az étel. Nos, ezt nem javaslom, de heti 2-3 tiszta, csökkentett étkezési nap tisztít. A meditáció és lenyugvás is gyorsabban megy, mintha degeszre ennéd magad, mert akkor a szervezeted a lebontással van elfoglalva.

Egyik nap eszel, másik nap csak egyszer, a többi folyadék, tea, víz, méz, zöldség v. gyümölcslé, tehát folyadék, 2,5-3 liter, ha egyszer eszel naponta. Pár hét után már életed részévé válik, sokkal nyugodtabb leszel, és könnyebben érzed magad, mint előtte. Ez is egyedi, van, aki heti egy napot vállal, van, aki 2-3-at. Magadon kitapasztalod, neked hogy jó, de egy napot kötelezővé kellene tenni. Régen az állatoknál is betartották a koplalós napot. Az embernél pont olyan hasznos, ha időnként kiürül a gyomra, belei, a maradék napokon pedig azt eszed, amit a szervezeted jelez, amire gondolsz, amit megkívánsz.

Azt tudnod kell, hogy nem véletlen azokban a kultúrákban, ahol sokat meditálnak, hogy keveset esznek, és sok időt töltenek ellazult állapotban, a jelenben, tudatos énjük kikapcsolt állapotában. Ha úgy gondolod, hogy szeretnél az égiekkel kapcsolatba kerülni, légy tiszta test, lélek, szellem szinten, és ha folyamatosan így élsz, akkor kapsz segítséget, sugallatot, és a tested tisztulásával javul látásod, hallásod, intuíciód és ízlelésed, szaglásod. Ezek alapesetben a kor előre haladásával romlanak, de aki tisztán él, ahogy idősödik, egyre élesednek az érzékszervei, és erősödnek az intuíciói, előbb csak alacsonyabb szinten. Van, akinél beindul a „látás", tisztán hallás és érzékelés képessége. Ez egy folyamat, nem 1–2 alkalom kell hozzá, és függ attól is, ki hány életet élt, és milyen minőségben, előzőleg itt a Földön. Valami változás elindul idővel mindenkiben.

Van, akinél 2–300 meditáció; van, akinél 500–1000 óra után, ez teljesen az embertől függ, aki csinálja, és attól, hogy feladatnak tekinti vagy örömmel és teljes átéléssel végzi a gyakorlatokat.

Biztosan dolgod van ezzel, mert ha nem lenne, nem olvasnád ezt a könyvet. Csak azok olvassák végig, akiknek szükségük van rá saját fejlődésük útján.

Szeretet és béke, nyugalom, áldás kísérjen az úton, amin jársz, és légy boldog a jelenben.

Ha a jelenben boldog és elégedett vagy, akkor a jövőd is nyugalommal és békével, szeretettel teli lesz. Persze, lesznek később is feladatok, de ha számodra helyesen veszel bennük részt, a jó érzés, nyugalom és szeretet állandósul benned, és ezt sugárzod magadban és magad köré, mindenkire, akivel kapcsolatba kerülsz. Ettől fog változni a világ. Minél több békét, szeretetet, nyugalmat és harmóniát sugárzó ember éljen a földön, ez a bolygó egyetlen esélye. Te is hozzáteheted a részed azzal, hogy szeretetben, nyugalomban élsz, így példát mutatva a környezetedben. Így változik át a világunk egy tisztább és élhetőbb világgá, amivel a gyermekek és unokák életét is megkönnyítjük. Egy világgá, ahol nem a haszmon és pénz irányít, hanem a szeretet és segítőképesség, nyugalom és béke. Légy büszke, magadra, ha Te is sikeresen hozzátetted a részed az egész megváltoztatásához.

Sok sikert és kitartást kívánok az utadon.

8. Becsüld és szeresd önmagadat

Ez sokkal fontosabb, mint azt elsőre gondolnád. Bizony, szintén saját tapasztalatom alapján, eleinte nehéz a feladat. Mindenki előtted áll a rangsorban: gyerekek, szülők, barátok, társak. Tudd azonban, hogy amíg nem jutsz el az önértékelésben, önmagad szeretetében és elfogadásában arra a szintre, hogy te saját magadat értékesnek, különlegesnek és egyedinek tartsd, addig nem vagy a szeretet azon lépcsőfokán, hogy azokat, akiket most, mikor ezt olvasod, magad elé helyezel, igazán szívből és őszintén szeresd. Ezt a szíved megsúgja. Tedd rá a kezed, lélegezz pár mélyet, és kérdezd meg, valóban úgy tudod a szeretteid felé kimutatni az érzelmeidet, ahogy azt szeretnéd, vagy nem igazán úgy sikerül? Elárulom, hogy nagyon sokan vannak ezzel így, és ez megváltozni csak akkor fog, ha tudatosságod azon szintjén éled meg az életedet, ami az elfogadás, szeretet saját magad iránt. Aztán képes leszel a szeretteid felé is egyértelműen ezt a tiszta szeretetet közvetíteni. Most is ezt szeretnéd, de ugye, gyakran hiba csúszik az átadásba? Igen, így van, de Te vagy az, aki képes ezen változtatni, senki más!

Csak olyat várhatsz el mástól, amit magad is közvetítesz. Gondold végig, kérlek, a példák, események elő fognak jönni. Példaként a saját életedből... Ha lenyugszol és megvárod, akkor a saját „nem pont úgy sült el a dolog, ahogy szeretted volna" példáidon keresztül megérted: dolgod van önmagaddal.

Azért nem írok példákat, mert nagyon sok ember olvassa, és egyénileg másmás példa és életesemény fog előjönni. Azt mondják az angyalok, hogy ha lenyugszol, és felteszed a kérdést: „Miért nem úgy sikerült kimutatni a szeretetemet, ahogy szerettem volna?", meg fogod kapni a választ.

Türelem, ez nem lóverseny, adj magadnak időt, és kezdd el meghallani a válaszokat, érzéseket. Megvan? Akkor haladhatunk tovább. Te döntöd el, változtatsz a bevett gyakorlaton, vagy elindulsz a saját magad megbecsülése és szeretete útján. Pár gyakorlat, de te is kitalálhatsz bármit, amit úgy érzel, hogy neked segít. Figyelj a megérzéseidre, intuícióidra. Fontos a figyelem! Aztán gondold át, mi az, ami örömet okoz, és tűzzél ki naponta több apró feladatot.

Itt azért nem részletezem, mert mindenkinél más lesz a lényeg, sohasem a feladat, hanem az elért kicsi cél után az öröm megélése. Dicsérd meg magad, ha sport, ha fizikai azért; ha szellemi siker, akkor azért. A lényeg a dicséret! Sokaknak nem elég, ha kimondják, sőt, először néhányuknak még az is gondot okoz, hanem a legjobb, ha a tükör elé állsz, és megdicséred magad! Mondd el azt, ami sikerült, és mondd önmagad szemébe a tükör előtt: Ügyes voltam, szeretem és becsülöm magam, mert megcsináltam... Felsorolod azt, amiért itt és most megdicséred magad. Az egész lényege a dicséret, az elégedettség érzése, amit érzel. Figyeld meg, milyen jóleső érzés!

Időzz el benne, legyen benned, és ha bármi nem úgy sikerül, ahogy szeretnéd, vagy felbosszantanak otthon, munkahelyen, üzletben stb., azonnal mondd ki: „törlöm a rossz érzést", és gondolj arra, ami miatt megdicsérted magad. Maradjon belsődben az érzés, vetítsd és érezd újra és újra, amíg szükséges, hogy megnyugodj, és ne menj bele abba, hogy felidegesítenek, mert ha azon járatod az agyadat, nem kifelé mész a helyzetből, hanem lehúz testileg és lelkileg egyaránt. Szeresd és becsüld önmagad!

Nagyon fontos, hogy ha csinálod, azt fogod tapasztalni, hogy sokkal kiegyensúlyozottabb, boldogabb leszel. Ami eddig mélyre rántott egész napra vagy napokra, most, ha rögtön törlöd és helyettesíted jóval a saját életedből, és az érzés visszaidézésében megfürödve mész, tovább tudsz lépni a dolgaidban, tehát mások felé újra szeretettel tudsz fordulni, és ezt majd ők is visszaigazolják feléd.

Nagyon fontos dolog még...

Az emberek sajnos nem mindig azt közvetítik feléd, amit szeretnének. Ezek számodra lehetnek rossz, negatív dolgok, pedig a szándék sokszor nem annak indult.

Sajnos, ha magadba nézel, amikor nem nyugodt állapotodban akadsz össze valakivel, te is megbánthatsz másokat, és gyakran azt tapasztalom, hogy észre se veszik az emberek, mikor másnak akaratukon kívül sérelmeket – itt lelkire gondolok – okoznak.

Erre is van egy egyszerű megoldás. Mielőtt a másiknak esetleg olyan dolgokat mondanál, amiket magad is megbánnál, nyugodj meg, számolj magadban 10ig, aztán vegyél pár mély lélegzetet, és gondold egy pár pillanatig a másik helyébe magadat! Neked hogy esne az, amit neki akarsz mondani? Ha ezt átgondolod, vagy mégis kimondod, vagy úgy döntesz, erre most igazán nincs szükség.

Fontos, hogy tudatosan ne bánts mást, se szóval, se tettel, se gondolattal! Minden, érted, minden másnak okozott tett, negatív gondolat és cselekedet vissza fog térni hozzád! Lehet, hogy nem ma vagy holnap, lehet, hogy évek múlva, de ezt tudnod kell: visszatér. Ha nem pont téged ér, akkor sajnos azokra, akiket még magadnál is jobban szeretsz. Ez univerzális törvény!

A magyar egy ősi, teremtő nyelv, óriási spirituális erőt közvetítenek a kimondott szavak!

Ezt jól bele kell vésni mindenkinek az agyába, mert alapvetően befolyásolja az életét, egészségét. Így, aki nem figyel tudatosan a kimondott vagy kigondolt szavaira, komoly károkat okozhat magának a tudatlansága.

Te tudatos teremtő lélek vagy, ha még mindig olvasod ezt a könyvet. Akik nem azok, meg sem veszik, vagy mostanra már letették, hogy nekik nincs rá szükségük.

Ők lesznek a kevesebben. Ez a könyv segít téged abban, hogy beépüljenek az életedbe az univerzális törvények, és higgy önmagadban, a kimondott szavaid és gondolataid fontosságában. Higgy a szeretet útján való továbblépésben a mostani szintedről és az energiáid megtapasztalásában, használatában. Nem utolsó sorban pedig figyeld és szeresd önmagad, és hidd el, az intuíciók, bevillanó képek nem képzeleted szüleményei, amit többen szeretnek állítani ezekkel kapcsolatban, hanem mankók, segítségek életed útján, ha figyelsz rájuk és használod őket az utadon. Tehát még egyszer: ha jó dolgokat gondolsz, jó dolgokról beszélsz, akkor azt vonzod be az életedbe. Viszont ha rossz a gondolatod, kimondott szavaid többsége, még több negatív dolgot vonzol be. Ez odáig fajulhat, hogy lelki majd testi következményei is lesznek. Gondold át, a döntés a te kezedben van!

Azok a kedves, jó lelkek, akiknek segíteni szoktam, ők kértek meg, írjam le, hogy ezzel még több embernek tudjak segíteni, hiszen ez az életutam: a szeretet és segítés. Boldoggá az tesz, ha segíthetek.

Magamról annyit azért leírok, hogy tudd, nálam negatívabb beállítottságú, hitetlenebb ember nem nagyon volt. Elutasító voltam mindennel szemben, amit nem kézzel fogható és „valóságos". Ezt azért írom le, hogy még innen is képes az ember – ha rátalál az útjára – 180 fokot változni. Én vagyok rá a példa, hogy meg lehet csinálni, csak akarni kell, és főleg nem mindig „ésszel", hanem egyre inkább szívvel kell élni, dönteni és gondolkodni. Hosszú és rögös út vezetett el idáig, sok pofonba beleszaladtam az élettől, míg eljutottam a szív általi életirányításhoz az ész általival szemben. Vagyis az összhang az egyensúly megteremtéséig, ami a kettő között van, mert mindig és mindenben az egyensúly megteremtése és fenntartása a fontos. Ez az élet minden területére igaz. Boldog csak az lehet, aki egyensúlyban van önmagával és az Univerzummal.

Ez az egyensúly folyamatos békét, szeretetet, nyugalmat, s hála állapotát jelenti. Ebben élem napjaim nagy részét, és ez milyen jó! Régen elképzelhetetlen volt számomra ennek az érzésnek a gondolata is. No, azért szent nem vagyok. Vannak néha olyan dolgok, események, amik kimozdítanak, de tudatosan 1 óra a maximum, és kiértékelve, megbocsátva, megköszönve abból, amit meg kell tanulnom, elfogadva vissza tudok térni a folyamatos szeretet állapotába. Mindenki képes mindenre, ha valóban meg akarja valósítani tettel, gondolattal, cselekedettel és az energiák használatának segítségével.

Az Univerzum energiái a teremtés óta rendelkezésére állnak mindenkinek, akiben megvan a tiszta szándék a saját és mások javára való használatra. Nem voltam én sem ilyen tudatos az elején. Az elején több módszerrel megismerkedtem, aztán a reikinél találtam meg az utam kezdetét. Azután ahogy haladtam az utamon az önismeret, az energiahasználat, a segítés örömének megtapasztalása és az önzetlenség útján, először őrangyalom segített, mikor kapcsolatba léptünk. Később minél többet meditáltam, és addigi tudásommal egyre több embernek segítettem, egyre boldogabb és nyugodtabb lettem.

Azután égi tanítómesterré felemelkedett lelkek tanítottak, segítettek az úton, majd Hilarion angyal vezetett tovább. Akkor kezdtem a saját, addigi földi életeimbe előbb csak képekben, aztán rövidfilm jelleggel belelátni. Mindig olyan jelenetet láttam, ami az „itt és most"ban kapcsolódott ahhoz a feladathoz, amivel dolgom volt éppen, vagy, hogy ne kövessem el ugyanazt a hibát, amit már megtapasztaltam. Nagyon hasznos és mély önismeret volt számomra. Mikor „megértem" rá, akkor szépen „visszakaptam". Visszaemlékeztem azokra a képességekre, amiket már megszereztem előző életeimben: energiák használatának magasabb szintje, érzékelés, szívvel látás, hallás, auralátás, és végül az elhunytak lelkével való kommunikáció. Természetesen ez folyamat volt, mivel a magasabb rezgésekre ugrás az emberi testet, szervezetet megviseli, így csak fokozatosan érdemes előre haladni a szeretet útján a magas rezgésszint felé.

Az első rezgésszint emelkedésem igen megviselte a testemet. Meditációban történt. Olyan érzés volt, mintha a konnektorba dugtak volna, rázkódott, remegett az egész testem, és tudatos megmozdulásra képtelen voltam. Ez másnap délutánig tartott, kis szünetekkel. Mikor rákérdeztem, ez miért volt ilyen erős, azt a választ kaptam, hogy nagyon magas rezgésszinten éltem előző életeimben, és ezt még el tudta viselni a mostani testem és lelkiállapotom.

A többi hangolás már sokkal „szelídebb" volt, és egyre több tudást kaptam vissza, amit aztán nekem kellett segítő szándékkal beillesztenem az „itt és most"beli életembe.

Bevallom, voltak tévutak is, és az elején az ember, mikor ilyen kivételesen ritka képességeket kap, „elszáll" egy időre. Hogyan fejezzem ki? Szóval azt hiszi, érzi, hogy mindent tud stb. Ez így történt velem is: mindenkinek segíteni akartam, ha kérte, ha nem. Nem igazán foglalkoztam az Univerzum törvényeivel ebben az esetben: „Nem avatkozhatsz be mások életébe, csak ha kérik vagy elfogadják. Nem használhatod a tudást olyanon, aki nem kér belőle, mert más utat választott, és minden ember maga dönt a saját útjáról, amiben nem segítheted akarata ellenére. Minden ember saját maga dönti el, mi az útja, hogy akar oda elérni, vagy feladja és ragaszkodik a betegségéhez és meghal. Ebben is ő dönt. Nem lehet olyanon segíteni, aki maga nem kéri vagy fogadja el!"

Megtanultam a leckét, keservesen, de megértettem és elfogadtam: az Univerzum törvényeit nem lehet áthágni.

Ami még nagyon fontos: minden ember maga dönti el, milyen „úton jár", hogyan éli le ezt az életét. Terelgetik ugyan a maga által választott útra, ha figyel, de még az égiek sem avatkoznak bele, ha valaki az életben egy kereszteződéshez ér . Aszerint, hogy ott melyik úton indul tovább, változik az „itt és most"ban a jelene. Vannak, akik nem akarnak dönteni és körbe járnak az útkereszteződésben. Az a legrosszabb számukra, mert ha döntenek végre, akkor elindulnak, fejlődnek, és újra rátalálhatnak az eredetileg választott útjukra. Aki sokáig tétovázik egy kereszteződésben, előbb lelkileg épül le, majd a testi problémák jönnek, és ha még akkor sem választ irányt, akkor meghal, de ez is egy döntés, csak sokan úgy járnak körbe, hogy nem tudják, mi ennek a következménye.

Még egy – talán a legfontosabb – dolog, amit megtanultam az úton, amit bejártam... Az elején, mikor tudsz már dolgokat, azt hiszed, már mindent tudsz, de ahogy még magasabb rezgésszintre érsz, érted meg igazán, hogy a tudásod csak csepp a tengerben, nagyon sok olyan dolog van még, amit nem tudsz. Ez is egy folyamat, sok embert ismerek, akik megragadtak azon hitben, hogy már mindent tudnak, pedig ha emelkednének még, akkor látnák csak, milyen sok az még, amit nem ismernek. Milyen csekély a tudásuk a mindenséghez képest. Már beláttam azt is, hogy nem az akarat visz előre a fejlődésben, hanem a szeretet és önzetlenség útján lehet előre haladni, egyensúly megteremtésével bennünk és körülöttünk az univerzális törvények betartásával. Erre minden ember képes, ha szívére teszi a kezét.

Nem elég mondogatni a törvényeket, olvasni is kevés, hisz oly sok évezreden át mondogatták, később olvasgatták azokat, és látjuk a letűnt civilizációkat és az ismert történelmünknek azt a részét, ami nyilvános mindenki számára. Az emberiség nem tartja be a törvényeket, pedig nélkülük a mai civilizációra sorsa is pont úgy alakul, mint a letűnt civilizációké.

Tehát a legfontosabb törvényeket, amiket a mindennapi életben alkalmazni is szükséges, nem csak olvasni és mondogatni kell: ez az igaz szív és szeretet alapja. A betartásuk nem kötelező, de ajánlott mindazoknak, akik emelkedni szeretnének, mert ezek betartása nélkül kizárt az emelkedés folyamata egy magasabb szintre.

9. Az egység törvénye

Minden mindennel összefügg, és az egység része. Tehát minden és mind egyek vagyunk. Nem tehetsz, mondhatsz, sőt gondolhatsz olyat, ami másnak kárt okoz, mert az egység törvénye alapján, magadnak okozol azzal a tettel, cselekedettel, gondolattal kárt, mivel mind egyek vagyunk!

AZ EMBERI GONDOLAT

Az emberi gondolat teremtő erő. Mindig a szíveddel összhangban, egyensúlyban elfogadható módon gondolkodj, cselekedj, beszélj, mert te teremted a mát és a holnapot, és előző életeidben te teremtetted ezt, amiben most élsz. Olyat teremts, amit tiszta, őszinte szívvel szeretnél magadnak és mindenki másnak az egység részeként.

Az emberben minden megvan, amire szüksége van, és ő dönti el, a lehetőségeivel hogyan gazdálkodik maga és mások hasznára, az egység részeként.

Minden ember képes a szeretet, nyugalom és teljesség érzésében élni, ha úgy él, hogy mások számára is hasznosak a tettei, cselekedetei, gondolatai. Erről mindenki saját maga dönt, és más ember életébe beleavatkozni kérés vagy elfogadás nélkül tilos, mert minden kéretlen beavatkozás visszahat az elkövetőjére. Az ember szabadon dönt saját magáról, és viseli tettei következményeit.

Az univerzális energia az egység része, és mindenki képes rácsatlakozni, ha tiszta szívvel kívánja használni a maga és mások javára.

Csak olyan dolgot kívánj magadnak, amivel nem okozol kárt más számára, mert minden más számára káros cselekedet, gondolat, tett visszatér arra, aki kívánta, cselekedte.

A szeretet a legmagasabb rezgés és a leghatalmasabb erő a világegyetemben, és mindenkinek ingyen a rendelkezésére áll, ha szeretné megtapasztalni.

Készíts egy számvetést az életedről! Most jönnek az egyéni bevillanó képek, gondolatok azokról a dolgokról, amikor a saját életedben megszegted ezeket a törvényeket. Van mindenkinek, kinek több, kinek kevesebb. Jó, mondhatod, akkor még nem ismerted a törvényeket. Most már ismered, vagyis eddig is tudtad, mert lelked mindig jelzett, mikor ellenük cselekedtél. Innen a törvényeket már ismered, és a te döntésed, hogy betartod-e őket. Tudod már azt is, nincs olyan gondolat és cselekedet, ami nem tér vissza rád vagy a szeretteidre, ha nem eszerint élsz. Te döntesz, a te életed, csak mostantól a te felelősséged.

10. Beavatás az Univerzum energiájának felvételébe

Eljutottunk ahhoz a részhez, amit csak akkor olvass el, ha szeretnél egy rezgésszint emelkedésben, megtisztulásban részt venni. Javaslat: belső templom meditáció, de más is lehet. Te döntesz! Magad elé teszed a könyvet fél méter távolságra, állítva, és 5 percig nézed a borítón lévő atlantiszi reiki szimbólum középpontját. Majd becsukod a szemed, és ha a borító színe csukott szemmel lilára vált, a háromszög belseje pedig teljes terjedelmében aranyszínűvé változik, akkor te is bölcs lélek vagy, éltél már Atlantiszon. Ehhez csak te kellesz egyedül. Meggyújtasz pár fehér mécsest és egy füstölőt. Meghallgatsz egy meditációt, leülsz egy székre, lábaid a padlón, kezeid a combodon. Lazán becsukod a szemed, és az agyadnak a következő a feladatot adod 10 percig: beszívom a levegőt, 1–2–3, benn tartom a levegőt, 1–2–3, kifújom a levegőt, 1–2–3. Lassan, és máson ne törd a fejed.

Ha nem szeretnél rezgésemelést, és az Univerzum szeretetenergiáit használni magad és mások számára, akkor ezt a részt ne olvasd tovább. Te döntöd el!

Más dolgod nincs. Ha mégis szeretnéd, akkor kimondod, hogy „Kérem a kapcsolatot", és 10 percig végzed a gyakorlatot az agyaddal, majd felállsz, magasba emeled a két karod, és energiát kérsz az Univerzumtól. Érzed a bizsergést az ujjaidban. Lefekszel egy ágyra, lábaid egymás mellett, kezeid a combodon. Becsukod a szemed, és csak azt figyeled, mi történik benned és körülötted. Csukott szemmel könnyebb az érzékelés. Kb. 10 perc.

Fogsz érezni meleget, bizsergést és energiaáramlást. Ez az energia innentől mindig rendelkezésedre áll, s ha lenyugszol, kéred és magadra teszed a kezed, áramlik benned és körülötted, tisztít, védelmez, szeretettel tölt fel test, lélek és szellemi szinten. Univerzális szeretetenergia küldése időben, térben máshová, máskorra.

Kimondod: „szeretetenergiát kérek az Univerzumtól, és küldöm XYZnek ekkorra. Lekéred az energiát, a két kezed közé gondolod az illetőt, vagy csukott szemmel a képét vetíted magadnak, és küldöd szíved szeretetével. Kéred a fény szeretet erőinek segítségét. Az, akinek küldöd, meg fogja kapni, ha várja, és nyugalmi helyzetben van, mikor kapja. Magadnak is küldhetsz más időpontba, mikor ráérsz nyugalomban fogadni. Küldés után köszönd meg a lehetőséget az Univerzumnak.

Tér, idő relatív és végtelen tehát, amit itt és most mi érzékelünk a körülöttünk lévő világból, az igen csekély. Én szoktam 2 hétre, 1 hónapra előre küldeni annak, aki kéri, és így tudom, pont mi, hol, milyen rajta 1–2 hét, 1 hónap múlva, mert ugyanúgy érzem az akkori rezgéseit, mint azét, akit „itt és most"-ban, ma kezelek.

Nagyon sok még az ember tanulnivalója, nagyon csekély a tudásunk a mindenségről!

Az univerzális energia korlátlanul áll rendelkezésére a teremtés kezdete óta mindazoknak, akik használni szeretnék. Teljesen ingyenesen, mindössze a törvényeket kell betartani a használójának, mást nem kell tennie, csak kérni és áramoltatni tiszta csatornaként. Ebben az a szép, hogy nem függ vallásoktól. A tiszta szív és szeretet, mint gondolat és segíteni akarás elég hozzá. Ugyanúgy használja a keresztény, zsidó, arab, ázsiai, buddhista és még a vallást elutasító materialisták is. Az univerzális törvények gyakran olvashatók átköltött formában a szent szövegekben, csak nem szokták sokan betartani, inkább csak felolvassák, de nem használják az életük folyamán. Most jött el az idő, hogy be kellene tartani őket! Emberek, egy próbát megérne ez is, hogy jobb, élhetőbb világot hagyjunk a gyermekeinkre és unokáinkra. A döntés a Te kezedben van. Minden egyén apró döntése hozzátesz a teljességhez, mivel az egység része. Minél többen nyitják meg a szívüket a szeretet felé, annál jobb lesz a világunk magunk és szeretteink számára.

11. Egy kis számmisztika

Az életfeladat rendszerén belül minden számnak más életút jut. A szám által jelölt feladatokat senki sem kerülheti ki, valamilyen módon mindannyian találkozni fogunk az adott témakörrel, akár tudatában vagyunk életfeladatunknak, akár nem. Érdemes hát közelebbről megismerni. Mindenkinek a sajátját! Példaként leírom az enyémet.

Életében fontos mindaz, ami szép és jó: a béke, a szeretet és a harmónia. Küldetés az, hogy megtalálja az egyensúlyt, és álmait a való életben valósítsa meg, ami sikerül, ha igazán hisz bennük.

Születési teljes horoszkópomból részlet: „A szeretet erejének tanítása, mások segítése, a tudás megtapasztalása és átadása. Mindent a szív irányít az életében, szeretettel fordul minden élő felé. Segíti az emberek gyógyulását és saját valójuk megismerését, fejlődésük előmozdítását a szeretet útján.

Elmondja az embereknek, azért születtek erre a világra, hogy kiderítsék, meddig terjed saját felelősségük, és megtanulják, hogyan dolgozzanak együtt embertársaikkal harmonikusan, kiegyensúlyozottan és egymást támogatva. Életének legfontosabb feladatköre az egyensúllyal, a kiegyensúlyozottsággal kapcsolatos: egyensúlyt kell teremtenie az adás és elfogadás, az igen és nem, a gondolatok és érzések értéke, a saját és embertársai szükséglete között." A valódi együttműködés és segítségnyújtás sokszor abból áll, hogy az emberek megtanulják, hogyan végezzenek el kevesebb feladatot ők maguk, és hogyan hagyják, hogy embertársaik többet vállaljanak magukra, hogy felfedezhessék saját képességeiket és erősségeiket.

Megtanulnak bízni az életük pozitív alakulásában, és megtanulják, hogyan érezzék magukat kellőképpen biztonságban ahhoz, hogy megnyíljanak, és megosszák belső szépségüket a világgal.

A bizalom az önmagunkba, embertársainkba és az Univerzumba vetett mélységes hitté kell váljon. Ez a bizalom abból a biztos tudásból ered, hogy a szellem ott munkálkodik mindnyájunkban. A legfontosabb életfeladatuk, hogy legmagasabb rendű teljességüket összhangban szívük intuitív bölcsességéhez igazítva éljék meg, és példájukkal ösztönözzék embertársaikat. Legtöbbjük karizmatikus emberként született e világra, és személyes vonzerejük révén rájönnek, hogy példájukat és életmódjukat akár jó, akár rossz, sokan fogják követni. Küzdenek azért, hogy a teljesség magasabb rendű alapelveivel összhangban éljenek. Életútjukat a spirituális törvények alkotják, de az általuk képviselt bölcsességre csakis szívük révén tehetnek szert, nem pusztán az értelmük által.

Most azért írom ezt a könyvet, hogy mások is elindulhassanak saját útjukon, vagy ha elakadtak, újra megtalálják a számukra helyes irányt. Én már megérkeztem a saját utamon, tisztán érzékelek, látok, hallok, és segítem és tanítom azokat, akik kérik vagy elfogadják.

Most többen úgy gondolják, nem fontos számukra tudni, mi az életfeladatuk.

Bevallom, az életem nagyobb részét én is így éltem le, de mikor már egyre gyakrabban megy neki a falnak az ember lánya, akkor két lehetőség van. Elgondolkozik vagy meghal. Akkor csináltattam horoszkópot, és mivel 90%ban ezek (születési év, hó, nap, perc, mp) vannak abban is, így már tudom: bizony, ha a kitűzött életcél nem az életfeladat irányába halad, jönnek ám a pofonok! Itt értem ez alatt a testi betegségeket, lelki és munkahelyi problémákat. Ha ezek együtt vannak, akkor már jó, ha elgondolkodik az ember. Mikor felismertem az utamat, időt kaptam az önismeretre – ha munkanélküli lesz az ember, van ideje végiggondolni a dolgokat, az addigi életét, tetteit, az irányt.

Böjtöltem közel 3 hónapon át (csak vizet, teát és 1 kanál mézet fogyasztottam), és napi 8-10 órát meditációban töltöttem. Hasznos volt, mert előbb előző életeim dolgaival és képességeivel lettem, úgymond, gazdagabb. A gazdagság nem pénz, hanem a lelki béke, nyugalom, szeretet valódi megélése. Azóta betartom az egyetemes univerzális törvényeket!

12. Példabeszéd

A világ teremtésekor még mindenki jó volt, mindenkinél egyensúly állt fönn test, lélek, szellem szinten, és tudott mindenki mindent, amire szüksége volt. Főleg tudta, hogyan lehet kapcsolódni az egyetemes tudáshálóra, amire manapság is sokan ácsingóznak. Aztán volt egy ember, aki felhizlalta az Egóját, vagyis az addigi egyensúlyt kibillentette. AKI AKART, a tudást elzárta a többiektől, mert Ő AKARTA egyedül birtokolni. Rájött, hogy a tudás hatalom, és jobban és többet akart a többieknél mindenből, külön költözött, és meggyőzte a többit, hogy csak ő képes minden tudást alkalmazni. A többi járt hozzá tanulni, és ő szépen törölte a tudatukból a kapcsolódás lehetőségét, és jól megbonyolította a tudásrészekhez a hozzáférést. A többiek még fizettek is neki, hogy elvezette őket a tiszta tudástól. Pár nemzedék alatt a tudást elfelejtették a többiek, már nem tudták használni, mert ő rossz célra használta a közös, egyetemes tudást. Akart, és ez indította el az emberiséget a rossz, önpusztító irányba!

Az *akarok*kal és a *saját hasznomrá*val többé nem lehet az egyetemes tudásra csatlakozni.

Onnantól, aki akar, az örökkön-örökké az akarását kapja annak, amit akar, és sohasem kapja meg, amit akar!

Még ma is ez a helyzet. Kevesen tartják be az egyetemes Univerzum törvényeit. Amíg az akarás nem szűnik meg vagy csökken le, addig nem tud jobb lenni ez a világ, amiben élünk!

13. Az emberi lény csodálatos

Minden lehetőség megvan minden emberben, és csak tőle függ, mennyit használ fel élete során a lehetőségeiből. A döntés szabadsága igen fontos. Szabad az akarat, és a lehetőségek határtalanok. Leírok pár emléket, amelyeket régi életeimből meditációk alkalmával láttam. Lehet másképp is élni, s régen, több tízezer éve éltünk is másképp. Mai szemmel nézve primitívebb körülmények között, egységben önmagunkkal és a természettel, viszont sokkal nyitottabban és toleránsabban, szeretetben, békességben. Megvolt mindenkinek mindene, amire szüksége volt. Volt hol lakni, volt mit enni, volt családi élet, beszélgetés, tánc, éneklés, nyugalom és szeretet. Mindenki látott, hallott, tehát nem kellett divatosan öltözködni, mert az aurája szépsége volt a színe mindenkinek, így, amit sugárzott, az volt az érték, nem a divat. Nem voltak elektromos kütyük, TV, mégis boldog volt az emberek többsége, betartották az Univerzum törvényeit, tisztelték az életet, de páran többet akartak maguknak. Ekkor kezdődött a rezgésekben az a változás, ami magával hozta az ego felemelkedését. Az akarás megjelenésével, az addig mindenki számára hozzáférhető tudás kisajátításával, a felsőbbrendűség gondolatának kialakulásával megkezdődött az elszeparálódás a többségtől, a különköltözés, több anyagi, dologi tulajdon megszerzése, a kapzsiság kialakulása a vezetőkben. Az elnyomás megkezdődött, és az otthagyott népek elfelejtették azt a tudást, ami bennük volt, így nem adták már át a következő generációknak, ezért azok már úgy nőttek fel, hogy nem használták.

Sok évezred eltelésével mi maradt belőlünk? Tudatlanul pusztítjuk a Földet, az ego egekbe emelkedett, nem az Univerzum törvényei szerint élünk. Mindenki többet akar, mint amire valóban szüksége van, irigység, mások rabszolgamunkára kényszerítése, kapzsiság – ez a mai „csodás" világunk. Mindenki mosatja az agyát a tévével, meg folyton telefonál. Egyre kevesebb ember veszi a fáradságot, hogy csendben leüljön meditálni és befelé fordulni megismerni önmagát. Nem ez ma már a fontos, hanem a pénz, a hatalom.

Nem a szeretet, segíteni akarás irányít, pedig ez nem kegyelmez ennek a civilizációnak sem, úgy, mint sok száz civilizációnak lett vége ezzel a hozzáállással. Az ember újra és újra kapott lehetőséget a változásra. Mint látjuk, sohasem éltünk vele, most sem. Ez a figyelem felhívására szolgáló üzenet, amit közvetítenek felém, hogy adjam tovább: az emberiség újra a 24. órában van, újra vége lesz ennek a civilizációnak is, és kezdődik minden elölről. Emberek, nem kellene már elgondolkozni, miért vagyunk itt?

Miért nem használják az emberek azt a lehetőséget, ami adott számukra?

Segítséget kap minden tiszta szívű ember, akit nem az egója vezet az önismeret útján.

Miért követi el az emberiség újra és újra ugyanazt a hibát? Tanulni vagyunk itt, de már olyan sokszor megbuktunk. Miért nem tanulunk belőle? Miért nem a szeretet útján járunk, mindenki boldogulása felé? Miért egy nagyon szűk réteg rabszolgáiként élünk megint? Gondolkozz, boldog vagy?

Nem hiszem. Állandó gondok, aggodalom, félelem, gyűlölet a szívekben, nagyon rossz rezgések, amik felőrlik a lelked, majd a testet is. Betegség, fájdalom, újra a gondok, irigység és irányított rabszolgalét, melyben a testet és mások programozott akaratát valósítjuk meg.

Állj meg, lazulj el, és kérdezd meg önmagad: Boldog vagy? Ha veszel még 10 dolgot, amit reklámoznak, és másoknak is van, boldog leszel? Kérlek, legyél őszinte magadhoz! Nem a testi gyönyörök és anyagi javak a boldogság alapjai. Azt csak szíved, lelked békéje szabadsága, szeretete adhatja meg.

Ehhez nem kell más, csak döntés, hogy másképpen élsz, kevesebb kütyüvel és anyagi dologgal, cserébe szeretettel, békével szívedben, lelkedben. A te életed, és te döntöd el, senki sem kényszerít semmire: a szeretet nem kötelező, csak egy lehetőség. Te döntesz, élsz-e a változás lehetőségével. A mai civilizációnk egyetlen esélye, ha egyre többen ébrednek a tudatlanságból, megismerve valódi énjüket, és változtatnak mostani bolygópusztító, szeméttermelő életmódjukon.

Minden emberben megvan az a tudás, amivel él, ha szeretne, de ezt önös érdekből eltitkolták az emberek elől. Önös, kiváltságos életet éltek a tudás őrzői, és a többséget tudatlanságban, rabszolgaságban tartották. Ma is így van: egy szűk réteg anyagi gazdagságát szolgálja ki az emberiség. Nem kellene így lennie. Van lehetőség a változtatásra.

Egy ember, 10–100, kevés a változás beindításához, de ha 1 milliárd ember ébred tudatára és változik meg, megismeri és használja a benne lévő erőt. Ha mindenki a másikra vár, akkor elbukunk újra. Tévhit, hogy a felkelés, háború jó irányba tud bármit változtatni. A rossz, a bűn, a fájdalom pont ezt vonzza be, amit el akarunk újra kerülni. Csak a szeretet rezgése állíthatja meg ezt az erőt, ami most az embereket irányítja.

Néha úgy gondolom, jobb is, hogy nem tudod, mi folyik körülötted és benned, mit tesznek veled úgy, hogy nem is tudod – irányítanak, tudatodat programozzák, és még fizetsz is érte, hogy egyre nyugtalanabb, fáradtabb és sérülékenyebb, mindenbe belenyugvó, aztán gyógyszerszedő beteg legyél. Tudom, amit most leírok, nehéz megvalósítani, de nekem sikerült, és sok olyan ember van, aki már próbálgatja. Ne nézz tévét! Rejtett kódok vannak a reklámokban, aztán azt veszed, eszed, amit beléd kódolnak, és a betegségreklámok elültetik a betegséget a tudatalattidban. Úgy kódolják beléd, hogy észre sem veszed. Mikor már lesz olyanod, tudod ám, milyen gyógyszert kell venned! Emberek, ébresztő!

Akkor még a tömeges HAARP besugárzást és permetezéses tömeges mérgezést, az ételekbe kevert mérgező, betegítő összetevőket nem is sorolom fel, mert nem férne el egy 100 oldalas könyvben sem. Ha öntudatodra ébredsz, elkezdesz védekezni.

Lehetőleg olyat egyél, igyál, amin még látszik, miből van. Az se baj, ha tudod, honnan van. Ha kisebb betegség kezdődik, ne a legerősebb mérgekkel kezdjed a gyógyítást. Vannak gyógynövények minden betegségre, és az energia és a tudatod saját hasznodra kódolása képes rá, ott van benned a lehetőség. Ha ezek együtt nem segítenek, akkor menj orvoshoz.

Gondolkozz, régen nem volt annyi szintetikus gyógyszer, mégis éltek az emberek. Most az egyik gyógyszer mellékhatása már a következő betegséget adja, így megy, míg 50 felett 8-18-20 szem bogyót szednek az emberek naponta. Rá is megy a fizetésük, nyugdíjuk nagy része. A gyógyszeripar a leggazdaságosabb vállalkozás a világon.

Van olyan betegség, amire valóban kell gyógyszert szedni, de vannak olyan dolgok, amikre nem kellene. Például a fájdalomcsillapítók mellékhatásait, ugye, nem olvasgatja senki, pedig igen nagy károkat idéznek elő az ember szervezetében, és függőséget is okoznak. Én tudom, 6 éven át szedtem rendszeresen, míg már a gyomrom, belső szerveim, mindenem olyan állapotba került, hogy majdnem végem lett. Akkor döntöttem úgy, hogy nem szedem be őket, és tudatom átkódolásával, folyamatos, napi szintű energetikai tisztítással és feltöltéssel már 7 éve nem szedek be egy bogyót sem fájdalom ellen, mert tudom, hogy természetes úton is megszűnnek, nem kell hozzá semmi, csak én.

Működik nálam, nálad is, ha szeretnéd és teszel érte, hogy tudatodat te is képes legyél irányítani, nem kell robotsorban maradnod.

A te döntésed, a te életed. Mikor felhagytam a tévénézéssel, hirtelen sok időm maradt önmagamra, a bennem lévő lehetőségek felismerésére és használatára. Aztán már maradt időm mások segítésére is. No, ezután már ömlött le a tudás. Minél többet segítesz, minél többet használod a tudásod, minél jobban megnyitod a szíved a szeretet felé, annál többet érzékelsz a való világból, és egyre több csodában lesz részed. Én nem könyvekből olvastam a tudást, rengeteg időt szántam a tanulásra, és minden téren saját magamon használtam előbb. Addig másokba nem nyúltam, amíg magamon nem tapasztaltam meg a gyó-

gyító, jobbító hatását. Így hiteles, amit végzek, mert nemcsak könyvből tanult tudás létezik, a bennünk lévő tudás felfedezése és használata tiszta szívvel, sokkal eredményesebb. Vannak orvosokról is tapasztalataim. Nem látnak, nem érzékelnek, könyvből tanulták, amit tudnak. Sajnos nálam, mikor négy orvoshoz elmentem, háromféle diagnózis volt, négyféle kezelés – főleg egymással ellentétesek. Akkor tudtam, hogy nem szabad tudni, hogy találgatnak. Jobb csak egyben bízni, akkor van esély a gyógyulásra, de akiben bíztam, az továbbküldött, és meghaltam kicsit... mióta visszahoztak már máshogy élek, mint előtte.
  Jó, aztán visszahoztak, ebből is sokat tanultam. Aki már járt a túloldalon, az már nem fél, mert tudja, semmi rossz sem történik, és béke, szeretet és szerettei várják, tehát ezt is megtapasztaltam. Nem az a fontos, hány évig élsz itt, ebben az életedben. Az a fontos, volt e értelme az életednek, és mit tanultál meg abból, amiért megszülettél. Az élet célja nem a testi vegetáció. Van még dolgom, ezért jöttem vissza, segíteni azoknak, aki érzik a lelkükben, szívükben a változás igényét a szépre, jóra, a teljes, való élet megtapasztalására, tudásuk megnyitására és használatára.

Bocsánat, hogy nem úgy írok, mint egy író, mert csak egy ember vagyok, olyan, mint te,
  Nagyon sok megtapasztalással és tanulással a valóságról, amiről sokan azt hiszik, mese, pedig ez a mese, amiben most élsz.
  Az irányítóknak nem érdeke, hogy öntudatukra ébredjenek az emberek. Annyi butaságot gondolnak, pusztító fegyvereket és rakétákat lődöznek, lyuggatják a föld ózonpajzsát, pedig amit keresnek, nem érik el rakétával, mert nem kell menni sehová, itt van minden lehetőség a Földön, csak használni kellene.
  Pár dolgot még tudnod kell. Az Univerzum energiája mindenki számára ingyen használható, a Föld energiája szintén. A saját rezgésedet van lehetőséged emelni, és ez a három kapcsolódó energia téren és időn át kapcsolatot teremt „itt és most", benned, nem kell felülni az űrhajóra. A te lelked az „űrhajó", és

sokan éjjel utaznak is, kilépve a testükből, és mire felébrednek, visszatérnek a testükbe, azt hiszik, álom. Pedig ez a valóság. Még ebben a témakörben, ha érdekel, leírom... Ugye, azt mindenki tudja, hogy vannak „szent" helyek a Földön, körben, jó sok.

Ezek vallási célpontok általában, de azt kevesen tudják, mik is ezek valójában, és miért is járnak hozzájuk lelki békét, szeretetet és főleg megnyugvást keresni az emberek. Nos, sokan felkeresik, mert egyik másik vallás szent helye. Ezek a földi és univerzumi energiák találkozásának olyan pontjai, amelyek téren, időn át nyíló kapuk, és egyben az egyesült energiakapuk. Pont úgy működnek, mint a mobiltelefon állomások adói, ahonnan a rezgéseik behálózzák körben szépen a Földet. Tehát pont úgy, mint ahogyan a mobiloddal, sem kell az adó alá állnod, nem kell „szent" helyre elmenned, az energia szétterül a Föld légkörében, mint a műholdak által sugárzott hullámok, amelyeket a mobil fog. Tehát, ha kapcsolatba szeretnél lépni, mindenhol megteheted a Földön.

Ez az energiaháló körben érzékelhető a Földön, a sugárzása magasabb a pontok közelében, de mindenhol érzékelhető.

Na, ha ez eddig világos, akkor most megmondom, mi vagy te. Mai hasonlattal te vagy a mobiltelefon, vagyis az agyadnak az a 90%a, amit nem használsz, az a vevőkészülék, ahonnan otthonról, világjárás nélkül, a saját ágyadban, a *most*ban tartózkodva, az ego sújtotta 10% kikapcsolásával tudod venni az adást. Mindenki képes rá, ha szeretné, és senki, aki tudatosan elutasítja.

Leírok még pár megtapasztalást, csak azért, hogy értsd, miről írtam eddig. Mikor egy embert érzékelek, gyakran érzem a szívéből, lelkéből felém jövő kiáltást: „segíts"!

Az emberek eldugják a valódi érzelmeiket, csigaházba bújva élnek, nem merik megnyitni a szívüket. Érzem a vágyat, de mindenki másmás indokot talál arra, miért nem.

A legtöbben félnek, mert ha megnyitják a szívüket, szeretetüket, saját valójukat, sebezhetővé vállnak. Mindenkinek van saját rossz tapasztalata, ez egyénenként változó, de egyben mind egyformák: a félelem, hogy újból sebet kapnak, nem engedi, hogy kimutassák mások felé valódi érzelmeiket. Pedig a vágy megvan rá mindenkiben. Saját börtönükben vergődnek, akkor szokták elengedni magukat, ha elmondom, mit érzek, mit közvetítenek felém, akkor szokott a sírás, a feszültség oldódása kitörni. Hagyom, hogy kisírják magukat, és aztán megnyílnak, kibújnak a saját erős csigaházukból. Csodaszép lelkek, akik önmagukat sanyargatják.

Kérem, hogy maradjon kint, a válasz, hogy nem mer, mert fél az újabb sérüléstől. Pedig aki tartósan bezárja szívét, lelkét, nem tud boldog és felszabadult lenni, és magának okoz olyan betegségeket – előbb lelkit, aztán testit –, hogy még reménytelenebb lesz.

Fontos az önismeret, a szív szabadsága. Nem lehet egy életet csigaházba visszahúzódva élni. Nem jó neki és a környezetének, szeretteinek sem. Ezért fontos a megbocsátás, mert csak azzal lehet újra nyitott, elégedett és boldog, és tudja befogadni mások felé áramló szeretetét, amire minden léleknek szüksége van: az ételnél is fontosabb az ember számára az a szeretet, nyugalom és lelki béke.

Hozzám, aki eljön, az megnyitja a valódi énjét, mert tudja, hogy nem tudja eltitkolni, mert ha itt van, akkor engedi, hogy megnézzem. Amit látok, elmondom. Azon igazán szoktak csodálkozni...

Aki először jön, annak gondolatait sorolom: most éppen mivel bántja magát, mert ezt bevallom, gyakran tapasztalom. Nem kell az embernek ellenség, ott van ő saját maga. Annyi rosszat tesznek magukkal az emberek gondolataik, önsanyargató érzéseik el nem engedésével, oda- vissza a tudatukba kódolással, hogy külső behatásra már szükségük sincs, pusztítják magukat.

Mikor ezt elmondom, és az utat is, mit tegyen, hogy változtasson a gondolatain, töröljön elengedéssel, tisztuljon és jót tegyen a negatív helyébe, sokan mégsem teszik meg, pedig segíteni csak azon lehet, aki maga is szeretné. Nem erőszak, minden ember maga dönt magáról. Aki megfogadja a tanácsaimat, jobb lesz, megváltozik az élete, boldogabb, nyitottabb, kiegyensúlyozottabb életet él. Aki nem fogadja el a változást, azt nem kezelem, Ahhoz, hogy elpusztítsa önmagát, nem adok energiát. Ezt az első találkozáskor elmondom. A döntés azé, aki segítséget kér. Erőszakkal nem szabad senkit meggyógyítani. Szabad az akarat, tudja, mit vállal, és eldönti, mit kezd magával.

Ugye, van az ember, mint egész, vagyis test, lélek, szellem egysége. A test információit a DNS tartalmazza. Most azt is tudni kell, hogy az energiáknak is van egysége. A lélek, ami újra és újra megszületik, hordozza az adott lélek minden születésének tapasztalatát, tudását, addigi születései összességét. Aktiválni először a lelki „könyvtárat" érdemes, mert abban vannak azok az információk, amelyek miatt itt és most élünk. Az Univerzum és a Föld energiája az aurában kapcsolódik össze a saját szívszeretet rezgésünkkel. Ha ez a három kapcsolódó dolog egyesül, akkor vagyunk a jelenben, „itt és most"-ban.

Tiszta szellemünk közvetíti a számunkra fontos tudásrészt, amire itt és most szükség van, vetíti az ehhez a feladathoz szükséges információt. No, ez a kapcsolat csak lecsökkentett egóval és tiszta, nyitott szívvel lehetséges. Azért tudják ma még kevesen használni, de a lehetőség mindenkiben ott van, hogy elkezdjen haladni a saját útján, ha úgy dönt, hogy szeretné.

14. Az ember és a tápláléka

Az vagy, amit megeszel, és amiből táplálkozol. Na, elérkeztünk ahhoz a részhez, amikor megkérdezed magadtól: mikor szoktam enni, és miért szoktam enni? Jó ezt egy papíron rögzíteni, hogy szembesülj vele.

Az embernek, mivel nemcsak fizikai test, hanem rezgésekből áll, nemcsak megszokott táplálékra van szüksége. Minden ember egyedi, és csak saját maga tudja kitapasztalni az arányokat, de az tény, hogy a tápláléknak 3 részből kell összeállnia, az arányokat mindenki eldönti, neki hogyan jó.

1. Hagyományos élelmiszerek, amiket eddig is fogyasztottál, de mostantól ebből kevesebb kell.
2. Aurán, koronacsakrán át és a gyökércsakrán át univerzális energia, a Föld energiájának felvétele, mely benned alakul át életerő energiává.
3. Napfény.

Olcsóbb lesz az élelmiszerekre fordított eddigi költségnél, mert ebből 2 rész ingyenes, a maradék pedig nem bolti szemét, lehetőleg minél természetesebb élelmiszer – a hús, gyümölcs legyen nem génkezelt és agyonpermetezett.

Ha adsz magadnak 2–3 hónapot, és csak akkor eszel, ha valóban éhes vagy, megoldódnak a súlyproblémák, nem kell többé fogyókúráznod, de időt kell magadnak hagyni, hogy szépen, lassan sétálj a kínálat előtt, és figyeld, mire nézel, mire jelez vissza a tested. Szervezeted tudja, mire van szüksége, miből van hiány. Olyan zöldségre, gyümölcsre, gabonára stb., húsra fogsz vissza nézni, amiben az van, amire valóban szükséged van.

Azt vedd meg. Nem kell kilószám, 1-2 db, szem, 10 dkg, annyi elég a benned lévő hiány pótlására. A többi, ha kilószám eszel belőle, csak hizlal és salakanyaggal távozik. Tehát nem kell pocsékolni, és nem kell az evés kedvéért enni megszokásból, csak akkor és csak azt, ami valóban szükséges. Találj olyan elfoglaltságot, hobbit, ami örömet okoz. Ne az étel legyen az örömforrás az életedben. Ezzel, ha hónapokig folyamatosan így teszel, a fogyókúrákat örökre száműzöd az életedből.

Még egy fontos dolog. Minden étkezés előtt igyál egy nagy pohár vizet, és délután 6 óra után ne egyél, csak kivételes esetben, pl. vendégség, díszvacsora stb. Ne étellel jutalmazd magad. Naponta 2-3 liter között igyál, ahogy jólesik, tiszta vizet, zöld teát, igazi gyümölcs, zöldség facsart levét - szintén saját magadnak kell kitapasztalni az arányokat. Ezekben megvan az a közeg, ami a rezgéseket a szervezetedben könnyebben juttatja oda, ahol szükséged van rájuk. Nagyon fontos a tiszta víz, méregteleníti a szervezetet, kimossa a fizikai testedet. Ha rendszeresen fogyasztod, erősebb és ellenállóbb leszel a betegségekkel szemben is. A folyadék fele naponta forralt vízből tea, ill. lehűtött forralt víz legyen! Egy kis kávéskanál NaCl, valódi só, tengeri, illetve himalájai.

Ha átszokik a szervezeted az egészséges, finom élelmiszerekre, nem is akarsz többé előre gyártott, ki tudja, milyen mérgeket, adalékanyagokat tartalmazó színes, ízesített dolgokat enni. Az elején figyelni kell, mert nem egyszerű változtatni, de a te életed, a te döntésed. Te döntesz, mit, mennyit eszel, és sokkal jobb lesz a közérzeted. Aztán már ez válik szokássá, és kivételes lesz, ahogy eddig táplálkoztál. Nem kell semmit megtagadnod magadtól, mindent ehetsz, amire valóban szükséged van, de úgy edd, hogy pl. „eddig 5 db-ot ettem, most lassan, jóízűen 2 db-ot fogok, mert csak ennyire van szükségem".

A gondolat és az energia együtt csodákra képes. Tapasztald meg te is a csodát, a végtelen nyugalmat, szeretetet, békét és jó érzést, amit az nyújt, ha elégedett vagy önmagaddal, és értékeled, szereted önmagad tiszta szívedből, mert értékes, egyedi és különleges vagy. Ez nagyon fontos, mert nemcsak a fizikai tested látszik a külvilág számára. Elcsépelt dolog, de nagyon így van. Hidd el, látom, a kisugárzás a belső béke energetikai kisugárzása, amit az aurádon keresztül közvetítesz másokra. Igaz, te nem látod, de az szépít meg igazán, nem a bogyók, krémek, meg kütyük szépítenek és fiatalítanak, hanem szíved békéje, szeretete, amit folyamatosan közvetítesz a külvilág felé.

Ezt pedig csak úgy érheted el, ha becsülöd, értékesnek tartod önmagad.

Testsúly optimalizáló gyakorlat.

Lehunyod a szemed este elalvás előtt, és úgy látod önmagad, amilyen szeretnél lenni. A ruhában, amit régen kihíztál szépnek, mert most pont jó, és szép vagy benne, és ha kell, gondolj hozzá kilót, és ezt minden este hónapokon át közvetítsd magadnak és figyelj. Más visszaható gondolat ne legyen, figyeld önmagad, ha megint felvetődik: „fogyókúra" meg „kövér vagyok", azonnal helyettesítsd be azzal a képpel, amit megterveztél. Nem változhat a végeredmény, hónapokon át ezt kell kódolnod, és ne ellenőrizd magad feszt mérlegen, mert az elején az visszafordítja a folyamatot. Önkódolás – ezt is csinálja mindenki, nem tudatosan, de a kód akkor is hat. Nézd meg a körülötted lévőket! Aki mindig arra kódolja az agyát, hogy fogyni akar, az csak akar, de tartósan, hosszan nem veszít a súlyából, mert nem a fogyást kódolja, hanem a fogyni akarást. Így azt kapja mindig: fogyni akar, de nem fogy le! Figyelem, az önkontroll nagyon fontos!

Figyeld meg, hogy aki a betegségeit sorolja egész nap, az nem gyógyul, hanem egyre több betegsége lesz. Azt kódolgatja egész nap, tehát működik a kód!

Új, fontos témákhoz érkeztünk: az egészséghez és a betegséghez.

Kétfajta ember és viselkedéstípus létezik. Van, ugye, az egészségtudatos, aki egészségesen él, és egészségesként gondol magára – ez a népesség kb. 10–15%-a.

A többi betegségtudatos, tehát betegként gondol magára. Figyeld meg, egyre több betegségük lesz, ők csinálják.

Még egy fontos dolog ezzel kapcsolatban: minden embernek joga van eldönteni, melyik csoportba kíván tartozni gondolatilag.

A betegségtudatosak nem azért mennek orvoshoz, mert meggyógyulni szeretnének, hanem azért, hogy már újabb és újabb dolgot találjanak náluk.

Sajnos a gyógyszer is csak akkor ér valamit, ha a szándék az egészség. Ha betegség a gondolati szándék, akkor nem segít, csak ront a méreganyagaival és a mellékhatásaival. Nyugaton az ilyen gondolkodású embereket már placebóval kezelik, hogy az igazi gyógyszerek mellékhatásai ne károsítsák őket tovább.

Tény az is, hogy a mai egészségügyi rendszer kizárólag tünetet kezel a gyógyszerekkel, de az ritka kivétel, ha az orvos arra is kíváncsi, mi az igazi ok, amiért a tünetek vannak, és az okot meg is keresi, megszünteti. Ezért fordulnak egyre többen az alternatív gyógymódok, terápiák felé, és jól is teszik.

De tudni kell, hogy minden alternatív gyógymód másmás módszerekkel ugyan, de azt hivatott beindítani, hogy a szervezet a benne lévő gyógyító mechanizmusait beindítsa, és gyógyítsa önmagát, és ez szintén helyes megoldás!

„Az emberben minden megvan, amire szüksége van."

Minden ember képes elsajátítani azokat a technikákat, melyekkel a saját immunrendszerét ösztönzi, beindítja.

A legfontosabb tényező a gyógyulásban, hogy az alvás nyugodt, békés és az egyén számára megfelelő ideig tartó pihenés legyen. Az orvosok is ezt teszik. Akin nem tudnak segíteni, mély kómában altatják, és figyelik, hogy az ember szándékától függően meggyógyul vagy elmegy.

Minden ember maga dönt arról, egészséges szeretne lenni, illetve mikor szeretne elmenni. Akkor, ha tartós a gondolat, sem az orvos, sem senki más nem tudja megakadályozni abban, hogy pusztítsa önmagát, és a lelke levesse ezt a testet.

Ha az étkezésen nem tudsz változtatni, legalább energetikailag strukturáld át, mielőtt megeszed az ételt. Régen azt mondták: „áldd meg az ételt". Gondold azt minden ételről, hogy egészséges és jó a szervezetednek. reiki tisztítójellel közvetíts rá energiát. Hidd el, hogy a pizza és hamburger is lehet jó, ha úgy gondolod, mikor eszed.

15. A gyermekek szeretettel való megtisztítása

A gyermekek szeretettel való megtisztítása csak egy lehetőség, de ebben a rohanó világban talán szükséges is, hogy a gyermek a napi események hatásától megtisztulva, béke, szeretet, harmónia és test, lélek szinten megnyugodva, az egyensúly beállításával nyugodtan, békésen tudjon regenerálódni test és lélek szinten. Ez egy lehetőség, nem kötelező kipróbálni, mindenki szabadon eldöntheti, éle vele.

Minden este legalább 15-20 percet töltsön el a gyermekével elalvás előtt, kettesben. Egy rövid mese, és mikor már becsukja a szemét, tisztítsa meg az auráját és a csakráit is.

A jobb kéz a szívcsakráján, bal kéz a homlokán, és csendben, szívünk szeretetével áramoltassuk a szeretetenergiát. Ezzel kiegyensúlyozzuk, békét, harmóniát tapasztal, és nyugodtan alszik el szeretetben, nyugalomban. Ez az immunrendszerének megadja a lehetőséget, hogy álmában végezze a dolgát, és nyugodtan tudja végig aludni 8-9 órát, ami nagyon fontos a testi és lelki egészsége szempontjából is, mert aki nem alszik nyugalomban ennyit, azt az immunrendszere nem képes egészségesen tartani. Gondoljuk végig, az orvostudomány is, mikor valakin semmilyen módon nem tud segíteni mesterséges kómába helyezi, hogy a saját immunrendszere gyógyítsa álmában. Nem kell beszélni, a gyermek érzi a szeretet szabad áramlását, és szép békésen elalszik. A mai gyermekek nyitottak maradnak, ha hagyjuk!

Ugye, feltűnt sokaknak, hogy ma már sokkal öntudatosabb gyermekek jönnek a világra?
Nem véletlen. Sokan már nem záródnak csigaházba, hanem nyitottan élnek. Persze a külvilág nem ítéli már el azokat a dol-

gokat annyira, amelyeket az én gyerekkoromban, amik miatt én is csigaházba bújtam 30 évre. Sőt, boldog vagyok, hogy vannak spirituálisan felvilágosodott családok, akik nem elnyomják, hanem biztatják a gyermekeket a képességeik használatára: ez a jövő útja. Minden kisgyermek lát, hall, mikor megérkezik. Többségük 3 éves koráig nyitott is marad. Nagyon fontos, hogy ha arról beszél, mit lát, hall, érez, ne pirítsanak rá, mert akkor bezáródik, úgy, mint ahogy a ma élő emberek többsége is lezárja magát. Nagyon hasznos lenne, ha a kismamák, fiatal anyukák rendszeresen meditálnának, és spirituális ismereteket szereznének legalább alapfokon. A ma születő gyerekek már tanítanak szülőt, nagyszülőt, társakat, érzékelik az energiákat, és ez jó. Ez lehet a kiút az emberiség számára, csak nem szabad elnyomni őket.

Nekem volt egy óvodásom, csodaszép kristályaurájú kisfiú, olyan energiákkal rendelkezett, hogy kaptam hat éve tőle egy virágot, 5 percig volt a kezében, mielőtt átadta, azóta folyamatosan, hat éve évente 6-8 alkalommal virágzik. Szinte egész évben folyamatosan ezt teszi az igazi szívvel, szeretettel adott ajándék: ezek a gyerekek megváltoztatják a környezetüket és minden élőt, amivel kapcsolatba kerülnek.

A felnőttek fejlődéséhez és átalakulásához több idő, fáradság, kitartás szükséges, de képes rá mindenki, aki a szeretet útját szeretné járni!

16. Az Univerzum törvényei

1. A szeretet a leghatalmasabb erő az Univerzumban. Aki őszinte és tiszta szívét megnyitja, képes átadni, másokat segíteni, de csak azokat, akik kérik.
2. Kérés nélkül mások életébe beavatkozni nem szabad, még jó szándékkal sem.
3. Az egység törvénye: minden és mindenki rezgésekből áll, ami létezik, és minden és mindenki kapcsolatban van mindennel és mindenkivel.
4. A teremtés törvénye: mindenki gondolataival teremt, ha tud róla, ha nem.
5. A vonzás törvénye: mindenki minden gondolatával és cselekedetével a hasonlót vonzza be, tehát minden mások elleni tett és gondolat visszatér, mind visszajönnek az illető élete során. Nem mindig azonnal, de visszajön idővel jó és rossz is egyaránt.
6. Minden ember egyedi és különleges, mindenkinek más az életútja, nincs két egyforma ember és út sem. Az ember feladata megtalálni a saját útját, és tapasztalatokat szerezve, tanulva végigmenni rajta. Az élet célja maga az út.
7. Az érték törvénye: Az életben azok az igazán értékes dolgok, amiket önzetlenül, tiszta szívvel másokért teszel. Amit önmagadért, az csupán az egód hatalma a lelked felett.

Én ezek mentén próbálok élni, nemcsak szavakban, hanem cselekedetekben is. Semmi új, de ezek a törvények öröktől léteznek, és mindenki hallotta, tudja, de csak igen kevesen élnek a törvények szerint. Ezek betartása azonban szükséges az égi könyvtári belépőhöz. Van még több is, de ezek betartása nélkül nem kapsz belépőt!

A VONZÁS TÖRVÉNYE

Az Univerzum törvényeihez minden embernek alkalmazkodnia kell, és megtanulni, hogy saját maga vonzza be azt, amiben most él!

A vonzás törvényét nem tudod befolyásolni, tehát az utadon előbb utóbb felismered, hogy alkalmazkodnod kell hozzá, mert mindenkire vonatkozik. Ha tudatossá akarsz válni, ezt figyelembe kell venned. A vonzás törvénye kimondja: a gondolat és érzés rezgésének megfelelő energiákat, eseményeket és történéseket vonz be.

Tehát ha javítani akarsz anyagi helyzeteden, egészségi állapotodon, életfeltételeiden, ne gondold, hogy az akarásod fogja megváltoztatni. Csak akkor sikerülhet a változás, ha előbb magasabb rezgés szinten rezegsz, és megvalósítod magadban az elégedett, nyugodt, békés érzést a mostani körülményeidtől függetlenül. Ha sikerül, napjaidat ebben a jó gondolat – jó érzés állapotban éled, a valós problémáiddal nem foglalkozva, akkor indul be a vonzás törvénye, és a magasabb rezgésű dolgokat vonzod be, mert hasonló a hasonlót vonzza. Ha a gondolat és érzés, az, ami most számodra kellemes és jó, a nyugalom, béke, szeretet rezgése, akkor életedben megkezdődik azon események bevonzása, ami a gondolatodnak, érzésednek megfelelő egészségi és anyagi változásokat beindítja és megvalósítja.

Tudnod kell, hogy az emberek többsége úgy gondolja, ha bármilyen – anyagi, egészégi, kapcsolati stb. – problémája van, majd akkor lesz boldog, elégedett, nyugodt stb., ha az, amit akar, mind megvalósul. Pedig fordítva működik. A változás csak az érzés és gondolat folyamatos fenntartásával tudja bevonzani a való világba is azokat az eseményeket, amelyek megvalósítják az érzésnek megfelelő körülményeket.

Szabadon dönthetsz magadról, senki sem kényszerít semmire, a te utad, tőled függ, a törvényeket viszont jó, ha figyelembe veszed. Tudomásul kell venned, hogy nem az ember írja az Univerzum törvényeit, tehát átírni sem képes azokat. Amit tehet, hogy alkalmazkodik, és használja őket.

Viszont arról mindenki maga dönt, mit érez, hogyan gondolkodik, és ha csak rossz, elégedetlen gondolatai vannak és rossz érzései anyagi helyzetével, egészségével stb. kapcsolatban, és mindig erről beszél, ezen gondolkodik, ezekben az alacsony rezgésű érzésekben él, akkor azt az energetikai rezgést közvetíti, tehát azt kapja a vonzás törvényének figyelembevételével, s még több olyan dolog történik benne és körülötte, amit éppen el szeretne kerülni. Sok út vezet odáig, hogy elérje az ember azt az állapotot, hogy a mostani valós körülményeitől elvonatkoztatva a mostban/jelenben folyamatosan érezze és gondolja a béke, nyugalom, biztonság, szeretet magas rezgésű állapotát. Akkor, ha ebben él, ezt kódolja, ehhez kapja a lehetőségeket, és változnak benne és körülötte a körülmények, aztán szépen lassan megvalósulnak a gondolatainak és érzéseinek a körülményei az „itt és most"ban, a való életben is.

Pár példát leírok saját megtapasztalásaimból, hogy érzékeltessem a probléma gyökerét: pl. orvosi rendelők előtt üldögélő emberek érzéseit, amelyeket rezgéseik közvetítenek felém. Az emberek nagy többsége nem a gyógyulás szándékával üldögél az ajtó előtt.

Sokféle érzés, gondolat és indok van a betegségben maradásra, de leírok egy párat, ami szinte általános.

Kevesen valóban gyógyulni szeretnének, de ők vannak kevesebben. A többség több dolog miatt csak egyre betegebb szeretne lenni. Tesznek is érte: szinte folyton a fájdalmon, betegségen gondolkoznak, és a fájdalom érzésében élnek. Azt mondják, mindenük fáj, még akkor is, ha kicsit jobban vannak. A gondolataik csak a betegségekre koncentrálnak, és tudat alatt, de kódolják maguknak a betegséget, így egyre több betegséget vonzanak be maguknak.

Okok: a szerettek, rokonok, ismerősök sajnálatának, szeretetének kivívása, több látogatás stb. Érzelmi zsarolást folytatnak.

Szinte az életük minden tevékenységében gondolat, beszéd a rokonokkal, szomszédokkal, ismerősökkel a „beteg vagyok", „nekem hol, mi a bajom", „mi fáj" témakörben zajlik. Erre jön a tévé kódoló hatása: a nyugdíjasok napjaik nagy részében a televízió előtt töltik az idejüket, abból meg annyi betegségreklám és gyógyszerreklám árad feléjük, kódolódik a tudatalattijukban, hogy aztán már nekik is lesz olyan bajuk, és azt is tudják, mit kell rá venni a gyógyszertárban. Gondolat, érzés, állandó betegség, tehát a további rossz érzést és egyre több betegséget vonzanak be maguknak. Másik kategória a rokkant nyugdíjasok. Gyakran a felírt gyógyszereket sem szedik be, félnek minden alternatív terápiától is, nehogy már 1–2%ot javuljon az állapotuk, és elveszítsék a rokkant nyugdíjukat. Miből élnének meg? Tehát egyre betegebbé teszik magukat.

Sajnos gyerekeknél is érzékelhető a figyelem, a szeretet kikövetelésének eszközeként a

„ha beteg vagyok, több figyelmet kapok, több szeretetet és a szülők aggodalmát" mentalitás. Sok gyerek ezt hamar megtanulja, mert nem kapja meg azt a szeretetet, figyelmet, vele töltött időt, amikor jól van. Az óvodában, iskolában is előfordul, hogy ha nem érzi jól magát a gyerek, betegségbe menekül. Pedig gyakran a háttérben a pedagógussal, társakkal kapcsolatos konfliktus áll.

17. Látogatás az „ébredők" között

Tapasztalat szerzés céljából meglátogattam egy internetes oldalt. Pár napig nézelődtem és olvasgattam a gondolatokat, megérzéseket. A többség saját megtapasztalásait írta meg, és jó szándékú útkeresőnek tűnt, és ez így rendben is van. Gondolom, ez is volt a célja, hogy olyan dolgokról osszák meg a tapasztalataikat az oda fellátogatók, ami velük is előfordult, de eddig senkinek sem merték elmondani. Megtapasztalták, másokkal is előfordult ugyanaz vagy hasonló, és ez segíti őket a további saját útjukon.

Sajnos rossz tapasztalatom is volt. Vannak olyan emberek is, akik mindent megcáfolnak a saját gondolati agyszüleményük nevében, és nyíltan, agresszíven és szándékosan a saját hitrendszerükre térítenek. Ez már viszont ártalmas az ott lévőkre. A térítők nem ismerik az Univerzum alaptörvényeit, és hitük, hitrendszerük agresszív terjesztésével mérgezik mások lelkét. Büszkélkednek azzal, hogy emberkísérleteket folytattak nővérként a betegen az orvos tudta nélkül az egészségügyben. Csak remélni tudom, hogy ilyenek nem tömegesen dolgoznak az elesett, beteg emberek közelében.

Erősen pszichotikus, vallásukat másokra rákényszerítő embereknek a valódi, önzetlen szeretet hiányzik a szívükből. Az Univerzum egyik legfőbb törvénye: saját meggyőződésed, akaratod másokra erőltetni TILOS, mert az ember magáról csak saját maga dönthet. Ez a szabad akarat, és döntés szabadsága szabály.

Még fanatikus vallási meggyőződésből sem lehet a saját akaratát senkinek másokra rákényszeríteni. Ez komoly karmikus következményekkel jár az illetőre nézve. Mindenkinek jogában áll, hogy abban higgyen, amiben szeretne ez így helyes.

87

Tudom, hogy az ember valódi hite a szereteten alapul, tartozzon bármelyik valláshoz is. Aki erőszakra, gyűlöletre használja a hitet, az vallási fanatikus, és nem a hitét képviseli valójában, hanem saját egóját. Az erőszak semmilyen formája nem fér össze az igazán hívő emberekkel, mert az összes vallás, hit a szeretetben gyökerezik. Hogy aztán a fanatikusok mit építenek rá, az már nem a tiszta hit. Pedig az őszinte, tiszta szívvel képviselt hit csodákra képes, mert az ember csak azt tudja megvalósítani az életben, amiben tiszta szívvel hisz. Itt most nem a vallásra gondolok. Ez a mindennapokban alkalmazott hit. Hisz-e abban, hogy az orvos, gyógyszer meggyógyítja, vagy valami másban... Ha tiszta szívvel hisz benne, akkor minden emberen az segít, amiben fenntartások és kételyek nélkül hisz.

Nagyon fontos, az élet minden területén előre vivő erő, ha hiszi, hogy kap munkát, egészséges amit megeszik stb. Azt tudja elérni, megvalósítani, amiben hisz. Amiben nem hisz, azt megvalósítani sem tudja. Az életben ez így működik. Ezért káros mások hitét bármiben lerombolni, ártalmas és bűnös dolog. Sokan fel sem fogják, milyen károkat okoznak a valamiben való hit elvételével, megingatásával. Aki pedig ilyet szándékosan tesz, az bűnt követ el.

18. Segítő levelezésemből egy pár, ami másoknak is segíthet

Saját példámmal szeretnélek ráébreszteni arra, hogy az élet sok területén magatok állítotok magatoknak akadályokat. Az igaz, hogy mindenki saját élettervvel születik le, amit a saját egyéni útján megtapasztalások során átél, tanul belőle, és a tanultakat saját lelkében viszi tovább a következő leszületésébe. Mindenki keresi, kutatja az élete célját egész életében, pedig az élet célja az út maga.

Sokan sajnos az egójuknak engedve több problémát szednek össze az útjukon, mint amennyit kellene a saját tervük szerint, és a mindennapok kihívásainak hibás kezelése miatt egyre távolabb kerülnek a saját útjuktól. Amíg akartam, sohasem jött össze semmi úgy, ahogy akartam. Akkor jöttem rá, hogy az ego hatalmas elbillenése és az akarat volt a legnagyobb akadálya, hogy megleljem a saját utamat, s amíg az „akarok" meccsekkel volt elfoglalva, egyre távolabb kerültem az utamtól. Aztán letettem az akarásról, figyeltem a gondolataimat, tetteimet, az Univerzum törvényeit beépítettem az életembe, azok szerint cselekedtem és gondolkodtam. Egy idő után észrevettem, hogy egyre több dolog változik meg bennem, majd körülöttem. Ez odáig fejlődött, hogy már nem akartam semmit, *szeretném, elfogadom, csak azt kérem szeretettel, ami akkor és arra a dologra szükséges számomra a saját segítő munkámban.* Azóta a napjaim nagy részét békében, nyugalomban, szeretetben élem, nem aggódom semmi miatt, és segítek másoknak az útjukon. A törvényeket betartom, ezért cserébe szeretettel elfogadom azt, hogy mindig mindent, amire ott és akkor szükségem van, megkapok, hogy végezhessem a segítő munkámat nyugodtan, békésen, szeretettel. Viszont nem szeretnék többet sem anyagilag, sem tudásban, csak pont annyit, amire szükségem van. Ennyire egyszerű! Az a sok vágy a fizikai dolgok és a tudás iránt az egóból érkezik. Nem kell birtokolni semmit. Van hol lakni, van mit enni, van mit fölvenni, és kész. Az, hogy másnak mije van, miben jár, mit csinál, mit harácsol idegbetegen, engem nem érdekel. Az igazi, hogy a változás teljesen nyomon követhető az aurámon is. Teljesen zöld gyógyító aurám mára már püspöklila és zöld, gyönyörűen hullámzó, a fejem körül aranysárga glóriával, ami az igen magas rezgésszint eredménye. Tehát minden ember képes a változásra, ha valóban szeretné, és a lelkéből gondolkodik. Nem az egója vezeti, hanem tiszta szívvel cselekszik, nem a maga hasznára, hanem másokért. Amit önzetlenül teszünk másokért, az a legnagyobb érték. Remélem, páran elgondolkodnak, mert mindenki képes a változásra, ha megengedi, hogy a szíve vezesse az útján, ne az egója.

Sok sikert kívánok mindenkinek a saját útján.

Nagyok sokat tudnak már az emberek. Kérdezem, a tudást ki építette már be a mindennapi életébe? Csak úgy hasznos számotokra, ha használjátok is!

Leírom pontosan, mi az, amit látok, hallok, érzékelek, mikor segítek valakinek. Többen mondták, hogy talán ez is érdekli az embereket.

A test, a lélek és a szellem egysége az első, amit látok. A rezgéseit érzékelem. Azt érzem, egységben van önmagával, vagy eltolódott benne az egység egyik vagy másik oldalra. Ritka ám az egységben lévő ember, pedig a cél ez lenne. Ez a boldogság, egészség és harmónia kulcsa. Általában, ha a testben van elváltozás, az aura energiamezejében valami gát érzékelhető. Más a rezgése, színe annak a résznek, mint a többinek. Rezgésben a komoly eltérés betegséget jelez. A tudatos agyhullámai olyanok kb., mintha beszélne, de nem kell beszélnie, mert hallom a gondolatát, és ami eleinte furcsa volt, a hiba ott van, ha a lelke közben mást mond. A tudatát tudja befolyásolni, a gondolatait is, de a lelke elmondja az igazi problémáját. Azt tapasztalom, hogy örül a lélek, ha valaki meghallgatja és segítséget szokott kérni. Sajnos az emberek a rohanó világ bajaival vannak elfoglalva, így saját lelkük súgását a tudatukkal nem érzékelik, vagy tudatosan elnyomják, amivel még nagyobb kárt okoznak maguknak. Később átbeszéljük a lélek által felvetett problémákat. A megoldásokat is hallom, elmondom, aztán energiával tisztítás, feltöltés, harmonizáció következik, és onnantól mindenki szabadon eldönti, mit fogad el, használ fel abból, amit elmondok. Ha a szándéka megvan, az energiát is megkapta, megteheti azokat a lépéseket, amelyeket a lelke szeretne. Ha nem, hát nem, ehhez is joga van.

Szabad az akarat, mindenki maga dönt sorsáról és a továbbiakról.

19. Még egy fontos dolog

Mai világunkban elhitetik a guruk az emberekkel, benne van a példabeszédben is, hogy csak ők képesek csatlakozni a közös egyetemes tudathálóra, az átlagembert pedig elrémítik, milyen nehéz az út. Pedig ez nem igaz. Minden emberben megvan minden, amire szüksége van a saját útján. Ez olyan egyszerű, mint hogy veszel egy jó mély levegőt – persze, ha már az Univerzum törvényeit betartva élsz, tiszta szívvel –, elérhető, az út hossza csak rajtad múlik. Akkor, ha napjaid 90%a nyugalomban, békében, szeretetben telik, nem akarsz már semmit, mert tudod, mindent megkapsz, amire szükséged van az életben, és nem sóvárogsz többre, ha másokat segítve tiszta életet élsz. Több nem kell hozzá!

A spirituális fejlődés nem attól lép magasabb szintre, hogy minden könyvet elolvasol, hanem akkor indul be igazán, mikor a saját életedben, a mindennapjaidban betartod az öröktől létező törvényeket!

Az „égi egységtudat" könyvtárába belépőt nem tanfolyamokon adnak. Kizárólag akkor kapsz belépőt, ha tiszta lélekkel betartod a törvényeket! Az égi könyvtárba nem az egódnak van belépője, csak a tiszta lelkednek. A saját spirituális útjukon a továbbhaladásban nagyon sok embert az abszolút tudás AKARATA akadályoz meg abban, hogy a számára már hozzáférhető tudást használja a mindennapjaiban.

20. Összefoglalás

Az összes alternatív gyógymód ugyanazon az elven működik. Minden információt kapó, megértő gyártott hozzá gyakorlati síkon egy saját rendszert, saját egóját beletéve, ezzel új és még újabb dolgokat kitalálva, ráépítve. Ez több ezer éve így megy. Ma már a módszerek lényege olyan dózisú dolgok adása és végrehajtása az embereken, ami nem árt. Mindegyik használ, segít, gyógyít, gondolat megerősítésre szolgál, mégis mintha mind új dolog lenne, pedig mind ugyanazt szolgálja: a test, lélek, szellem egységének és egyensúlyának a fenntartását, saját gondolat általi megteremtését az Univerzum és a Föld energiájának segítségével és a test saját öngyógyító rendszerének beindításával. A meditáció és ellazulás pedig azért van, hogy kikapcsolja az agyban kavargó gondolatokat, hogy a saját beépített program működhessen. Ez így van. Egyszerű, mégis ez az igazság: a többi figyelemelvonó körítés az emberek saját egójának beépítése, saját fontosságának kinyilvánítása.

Minden emberben megvan a lehetőség arra, hogy egészséges maradjon, vagy ha kibillen és megbetegszik, meggyógyítsa önmagát. Nem kerül pénzbe sem, csak döntés kérdése. Az összetevők: „Az egészség, mint megvalósult végeredmény" gondolata. Aki hisz, abban ott a hite, az Univerzum és a Föld energiája, amely a testben életerő energiává alakul át, és ott segít, ahol szükséges. Ha az egészség gondolatával együtt használjuk a gyógynövényeket, amelyek megteremnek a környezetünkben, és kevesebb, de természetes élelmiszert fogyasztunk, együtt csodákra képes. Az első lépés a gondolkodás átalakulása, aztán jön a többi. Ha a szándék megvan, mind ingyen áll rendelkezésre mindenkinek! Minden ember maga dönt magáról!

A szeretet, a leghatalmasabb erőrezgés, mindenki számára rendelkezésre áll, ingyen!

A segítés csak akkor hiteles és ego nélküli, ha a segítő önzetlenül segít. Aki beárazza a segítséget, már letért az útról, a szeretet útjáról. Persze az a kérdés, hogy akkor miből élsz meg? Aki az úton marad, az megél, de nem úgy, hogy beárazza a szeretetet, hanem ha tiszta életet él és önzetlenül segít, adományból sem hal éhen. Beárazni nem lehet, mert X összeg az egyik embernek csak napi zsebpénz, a másik számára nagyon sok. Hogy mindenki hozzájusson a segítséghez, akinek szüksége van rá, nem lehet pénzért árulni.

Mindenki eldönti, hogy egy almáját vagy esetleg mást, amije van, ad érte, de a szegény ember hálája és szeretete többet ér számodra a pénznél. Próbáld ki, tapasztald meg!

Ahhoz, hogy segíts másokon, csak szándék és elhatározás kell. Attól lesz lelki békéd, ha segíted azokat, akik a közeledben élnek és rászorulnak.

Nézz mélyen önmagadba. Te is képes vagy rá, ez a fejlődésed útja: az önzetlen szeretet megtapasztalása.

21. Útravaló

Ezzel az idézettel szeretnék elköszönni, kedves Olvasó – a többi már rajtad múlik!

„Az élet nem más, mint üres vászon – festhetsz gyönyörű jeleneteket, tájképet, vagy festhetsz fekete szellemet és veszélyes embereket. Tőled függ. Az élet csupán egy lehetőség.
Megad mindent, amire szükséged lehet:
És most csináld magad!"
(Osho)

A szerző

A szerző 1964. március 31-én született. Gimnázium után óvónő képesítést szerzett, majd következett a szociális gondozó és ápoló szakma. Később belépett az életébe a Reiki, ebben találta meg saját útját. Mestertanár fokozata van. Életét annak szenteli, hogy másoknak segítsen. Ez a hivatása, a hobbija, az élete. Tisztán látó, halló, érzékelő lélekként kivételes képessége van arra, hogy bármely korosztályba tartozók lelki, fizikai és pszichés problémáit felismerje, a megfelelő megoldást ajánlja fel, és segítsen a megvalósításban. Ez a könyv az első munkája, tervezi a folytatást, azzal a bevallott céllal, hogy ezekkel a kötetekkel is másoknak segítsen.

A kiadó

*Aki feladja,
hogy jobbá váljon,
feladta,
hogy jobb legyen!*

E mottó alapján a novum publishing kiadó célja az új kéziratok felkutatása, megjelentetése, és szerzőik hosszútávú segítése. Az 1997-ben alapított, többszörösen kitüntetett kiadó az egyik legjelentősebb, újdonsült szerzőkre specializálódott kiadónak számít többek között Ausztriában, Németországban és Svájcban.

Valamennyi új kézirat rövid időn belül egy ingyenes, kötelezettségek nélküli kiadói véleményezésen esik át.

További információkat a kiadóról és a könyvekről az alábbi oldalon talál:

w w w . n o v u m p u b l i s h i n g . h u